W0378109

Paleo Kochbuch für Anfänger

Das Rezeptbuch für Anfänger & Berufstätige

99 Rezepte für einen perfekten Start in ein Vitales Leben

inkl. Erklärung der Steinzeit Ernährung

1.Auflage 2019

ISBN: 9781799055402

Vorwort

Es möchte Jeder das Beste für seinen Körper. Neben der sportlichen Aktivität, spielt dabei vor allem die gesunde Ernährung eine große Rolle. Sich ausgewogen und gesund zu ernähren kann so einfach sein und wie einfach, wird in diesem Buch erklärt.

Da kommt die Frage auf, warum sich ein Großteil der Menschen schlecht ernährt und ihrem Körper mehr Energie raubt, als ihm zuführt. Es ist fest in den Köpfen der Menschen verankert, dass Abnehmen, gesünder Leben und fit sein etwas mit „Verzichten“ zu tun hat. Dabei kann man ganz ohne den Verzicht von wichtigen Nährstoffen ein, von Grund auf, gesünderes Leben führen.

In diesem Buch erfahren sie alles über diese Ernährungsform, die sich aber nicht nur auf die Ernährung beschränkt, sondern eine Lebensform darstellt. Probieren sie es aus und sie werden merken, dass es sich lohnt. Essen sie mit einem guten Gewissen, unbehandelte, gesunde Lebensmittel und erhalten alle Nährstoffe, die sie brauchen.

Lieber gesund abnehmen, als in kurzer Zeit viele Kilos zu verlieren und durch den Jojo-Effekt einen Schritt zurück zu gehen. Auch für Menschen, die täglich Sport machen wollen, sich aber selten aufraffen können, weil ihnen nach der Arbeit die Energie fehlt, ist dieses Buch ans Herz zu legen.

Versuchen sie durch ihre Ernährung ihr Leben umzustellen und sich auf die wichtigen Dinge des Lebens zu konzentrieren, als sich mit Krankheiten und fehlender Kraft rum zu schlagen.

Was ist Paleo?

Das Wort „Paleo“ ist die Kurzform der Altsteinzeit, also des **Paläolithikums.** Daher nennt man diese Ernährungsform auch Steinzeit-Diät. Diese Bezeichnung kommt dem Prinzip von Paleo schon sehr nahe. Es geht nämlich darum, sich ausschließlich von naturbelassenen Nahrungsmitteln zu ernähren. So war es in der Steinzeit auch. Man hat das gegessen, was die Sammler und Jäger erbeutet hatten. Sei es Fleisch, Fisch oder Nüsse. Der Fokus liegt bei dieser Ernährung und bei dieser Lebensform, bei der Qualität und Nachhaltigkeit der Nahrungsmittel.

Viele Menschen gehen davon aus, dass unser Verdauungssystem immer noch auf der Ernährungsform von damals eingestellt ist. Dies stimmt wohl und trotzdem werden die Lebensmittel heutzutage mit viel Chemie behandelt, haltbarer gemacht und ihr Geschmack verstärkt. Ist es daher für den Körper und die Seele nicht besser, sich wieder auf die „Richtigen“ und wertvollen Nahrungsmittel zu konzentrieren?

Man versucht also bei einer Paleo-Diät oder der Paleo-Ernährungsweise komplett auf Kohlenhydrate, Zucker und Milchprodukte zu verzichten und stattdessen auf gesunde Energielieferanten zu setzen. Neben dem Abnehmen, hat diese Form der Ernährung noch viele weitere positive Seiten für das Leben und seinen Alltag.

Vorher sollte man wissen, dass Paleo nicht dafür gedacht ist, schnell und viel abzunehmen, sondern um damit langfristige Ziele zu erreichen. Mit der Ernährungsweise schaffen sie es, auf lange Sicht ein gesundes und glückliches Leben zu führen. Mehr Energie für den Tag, weniger krankheitsanfällig und nebenbei verlieren sie noch ein paar Kilos.

Gründe für die Paleo Diät

Heutzutage schlagen sich viel zu viele Menschen mit Müdigkeit, Krankheiten, Übergewicht und unreiner Haut rum. Doch all diese Krankheiten entstehen durch die ungesunde Ernährung. Sie entstehen durch bearbeitete Lebensmittel, wie Getreide, Milchprodukte, Süßigkeiten und schlechte Fette. Die Geschichte der Menschheit zeigt allerdings, wie eine richtige Ernährung aussieht. Nämlich aus Gemüse, Obst, Fleisch & Fisch, Nüssen und Eiern. Die Menschen in der Steinzeit waren weniger Anfällig gegen eine Erkältung und außerdem waren sie nicht übergewichtig.

Ihnen fehlt die Energie im Alltag? Sie haben viele Allergien, einen schlechten Schlaf, unreine Haut, schlechte Zähne, sind unsportlich oder haben einen hohen Blutzuckerspiegel? Dann ist die Paleo-Diät genau das richtige für Sie. Mit dieser können Sie gegen all diese Krankheiten wirken und fühlen sich gesünder und fitter. Probieren sie es aus und sie werden schon nach einem Monat feststellen, dass sie sich besser fühlen.

Die Paleo Ernährung ist genau der richtige Weg um den so genannten Zivilisationskrankheiten aus dem Weg zu gehen. Es hilft gegen viele Krankheiten wie Rheuma, Arthrose, Asthma und allgemeine Allergien. Es senkt ihren Blutdruck und hilft bei der Behandlung von Diabetes Typ zwei. Außerdem ist es ein Weg, langfristig und vor allem Gesund abzunehmen.

Viele Trend-Diäten und Ernährungsformen, in der heutigen Zeit sind darauf aus, möglichst viel in kurzer Zeit abzunehmen. Darunter leidet allerdings oft die Gesundheit. Der Körper muss auf überlebenswichtige Nährstoffe verzichten um Kilos zu verlieren. Das wirkt sich langfristig schlecht auf den Körper aus und es entsteht der sogenannte Jojo-Effekt. Bei der Paleo-Diät ist das anders. Sie müssen auf keine wichtigen Nährstoffe verzichten und nehmen gesund ab.

Davon darf man viel essen!

Bei der Paleo-Diät kommt der Genuss nicht zu knapp. Es muss muss auf keine wertvollen Nährstoffe verzichtet werden. Im Folgenden stellen wir die wichtigsten Lebensmittel vor. Bei der Paleo Diät geht es darum unbehandelte und gesunde Lebensmittel zu essen. D.h. die Qualität steht hier im Vordergrund.

Fleisch ist ein wichtiger Bestandteil der Ernährungsform, hierbei müssen Sie darauf achten, dass die Tiere nicht aus Massentierhaltung, sondern das Fleisch von weidegefütterten Tieren stammt. Fleisch ist ein Energielieferant mit gesunden Fetten und Proteinen. Außerdem enthält es Vitamine und viele Mineralien.

Des Weiteren sind Fisch & Meerestiere ein weiterer Hauptbestandteil der Ernährungsform. Auch hier müssen Sie darauf achten keinen Fisch aus Aquakulturen, sondern aus regionalem Gewässer zu kaufen. Die Meerestiere bringen die erforderlichen Proteine, die sehr wichtig für den Alltag sind.

Gemüse bietet eine riesige Auswahl und eine geschmackliche Vielfalt für ihre täglichen Mahlzeiten. Es kann als Hauptgericht, wie auch als Beilage serviert werden. Genau wie bei den tierischen Produkten achten Sie hier darauf regionales Gemüse zu verwenden welches möglichst unbehandelt und natürlich gewachsen ist.

Auch Obst bietet viele Nährstoffe wie zum Beispiel Vitamine die Überlebenswichtig für den Körper sind. Beim Obst ist vor allem zu beachten, auf süße Früchte mit viel Glukose und Fructose zu verzichten. Dies ist vor allem wichtig, wenn Sie abnehmen wollen.

Zum gesunden Kochen gehören auch gute Fette beziehungsweise Öle. Verwenden sollte man nicht nur das normales Speiseöl, sondern auch hier auf die Qualität achten und beispielsweise Avocado Öl, Kokos Öl, Sesamöl oder Olivenöl verwenden.

Als kleine Snacks sind Nüsse und Samen beliebt. Diese sind allerdings nur in Maßen zu empfehlen. Man sollte ganze Nüsse den schon in der Produktion zerkleinerten Nüssen vorziehen. Wichtig ist hier die Auswahl der Nüsse, wo man darauf achten sollte ausschließlich unbehandelte Nüsse also ungesalzen und ungeröstet zu kaufen. Beispiele hierfür sind Pistazien, Walnüsse Pinienkerne & Cashewkerne.

Zu trinken ist vor allem Wasser und Tee zu empfehlen. Hiervon können sie so viel trinken, wie Sie möchten. Schwarzer Tee und Kaffee ist vorzugsweise am Vormittag zu trinken, um den Tag Nacht Rhythmus nicht zu beeinträchtigen.

Davon lieber weniger

Worauf man verzichten sollte sind Getreideprodukte, d.h. Brot, Nudeln, Pizza, etc. Getreide enthält Proteine, welche die Aufnahme von wichtigen Mineralstoffen verhindern, dadurch sind sie schlecht für den menschlichen Organismus. Durch die Kohlenhydrate steigt der Blutzuckerspiegel schnell an wodurch dem Körper Energiezufuhr vorgetäuscht wird, welche sich dann negativ in Müdigkeit und im schlimmsten Fall in Krankheiten wie Diabetes und Fettleibigkeit auswirken kann.

Das gleiche Problem gilt für die Hülsenfrüchte also Bohnen, Erbsen, Linsen, und auch Erdnüsse. Genau wie beim Getreide enthalten diese eine Menge Kohlenhydrate, welche sich schlecht auf den menschlichen Körper auswirken können.

Auch auf Milchprodukte sollte man verzichten. Für viele Menschen sind Milchprodukte schon von Geburt an ungesund, das nennt man Laktoseintoleranz. Die in der Milch enthaltenen Wachstumshormone für das Kalb, wirken sich auch für alle anderen Menschen schlecht auf ihren Hormonhaushalt aus. die Insulinreaktion des Körpers sorgt des Weiteren dafür, dass der Gewichtsverlust nur schwer möglich ist. Wenn sie keine Probleme mit Milchprodukten haben ist eine Aufnahme qualitativer und unbearbeiteter Rohmilchprodukte in Maßen trotzdem erlaubt.

Zu Süßigkeiten und künstlichem Süßstoff lässt sich sagen, dass diese den Insulinspiegel steigen lassen und vor allem zu Fettleibigkeit und Diabetes führen können. Vermeiden sollte man Lebensmittel mit Konservierungsstoffen und Geschmacksverstärkern, diese findet man auf der Verpackung.

Außerdem sollte man auf zuckerhaltige Getränke wie Softdrinks und Säfte verzichten.

Frühstück

Krustenbrot

Dauer: 115 Minuten | *Aufwand:* mittel | *Portionen:* 1

Zutaten:

- 100g Mandelmehl
- 100g Sonnenblumenkerne
- 50g Flohsamen Schalen
- 2 TL Trockenhefe
- 1 TL Natron
- 1 EL Brot Gewürz
- 400ml Wasser
- 1 EL Honig
- Olivenöl
- Salz & Pfeffer

Zubereitung:

1. Zuerst den Ofen auf 180° Umluft vorheizen. Alle trockenen Zutaten in eine Schüssel geben und sie verrühren.

2. Als Nächstes kommt das Wasser, der Honig und das Öl hinzu. Nun wird der Teig 60 Minuten an einem dunklen und warmen Platz ruhen gelassen.

3. Der Brotlaib wird nun auf ein Backblech gelegt und für etwa 45 Minuten im vorgeheizten Backofen gebacken.

Bauernfrühstück

Dauer: 30 Minuten | *Aufwand:* wenig | *Portionen:* 2

Zutaten:

- 400g Kartoffeln
- 100g Bauchspeck
- 1 Zwiebel
- 5 Eier
- Salz & Pfeffer
- ½ Bund Schnittlauch

Zubereitung:

1. Die Kartoffeln garkochen, danach schälen und in Scheiben schneiden. Während dessen werden der Speck und die Zwiebeln in feine Würfel geschnitten und mit etwas Öl in einer Pfanne erhitzt.

2. Dann kommen die Kartoffelscheiben hinzu und werden leicht angebraten. Nun kommt das verquirlte Ei über die Kartoffeln und wird so lange gebraten bis es stockt.

3. Serviert wird das Bauernfrühstück mit kleingehackten Schnittlauch.

Pancakes mit Bananen

Dauer: 15 Minuten | *Aufwand:* wenig | *Portionen:* 4

Zutaten:

- 2 Bananen
- 4 Eier
- Kokosöl
- 8 Erdbeeren
- eine Prise Vanille
- 4 EL Kokosmilch

Zubereitung:

1. Zunächst werden die klein geschnittenen Bananen mit den Eiern in einer Schüssel verrührt.
2. Der Teig wird nun mit etwas Kokosöl in einer Pfanne erhitzt und von jeder Seite gebraten.
3. Währenddessen werden die Erdbeeren püriert und die Vanille und die Kokosmilch hinzugeben.
4. Sobald die Pancakes fertig sind kann die Erdbeersoße darüber gegossen und das Frühstück serviert werden.

Paleo Brötchen

Dauer: 30 Minuten | *Aufwand:* wenig | *Portionen:* 8

Zutaten:

- 180g gemahlene Mandeln
- 2 EL Kokosmehl
- 30g Leinsamenmehl
- 2 TL Weinstein Backpulver
- 5 Eier
- 40g Kokosöl
- Salz
- 1 EL Apfel Essig
- 1 EL Leinsamen

Zubereitung:

1. Zunächst wird der Ofen auf 180° vorgeheizt.
2. Nun kommen die Mandeln, das Kokosmehl, das Leinsamenmehl, etwas Salz und das Backpulver in eine Schüssel und werden vermischt.
3. Als Nächstes werden die Eier, das Kokosöl und das Apfelessig hinzugefügt und gut verrührt.
4. Dann werden 8 Brötchen geformt und auf dem Backblech ausgelegt. Die Brötchen werden mit Leinsamen bestreut und für 15 Minuten gebacken.

Beeren-Joghurt

Dauer: 15 Minuten | *Aufwand:* wenig | *Portionen:* 2

Zutaten:

- 1 Avocado
- 130g Beeren
- 1 EL Zitronensaft
- 1 TL Zimt
- Salz
- 100ml Kokosmilch
- Mandelsplitter
- Brombeeren
- Walnüsse

Zubereitung:

1. Zunächst wird die Avocado halbiert und das Fruchtfleisch herausgelöffelt.
2. Nun werden die Beeren, der Zitronensaft, der Zimt und etwas Salz mit der Avocado püriert und die Kokosmilch hinzugegeben.
3. Der Beerenjoghurt wird nun mit Mandeln, Walnüssen und Brombeeren dekoriert und serviert.

Omelette mit Spinat

Dauer: 25 Minuten | *Aufwand:* wenig | *Portionen:* 2

Zutaten:

- 1 Süßkartoffel
- 6 Eier
- 1 Zwiebel
- 1 Handvoll Spinat
- Salz und Pfeffer
- 3 EL Ghee

Zubereitung:

1. Die Süßkartoffel wird geschält und in kleine Würfel geschnitten. Diese werden dann für 7 Minuten gekocht.

2. Dann wird auch die Zwiebel klein geschnitten und mit etwas Ghee in einer Pfanne angebraten. Dann kommen der Spinat und die Süßkartoffelwürfel hinzu und wird so lange gebraten, bis der Spinat zusammenfällt.

3. Die Eier werden zuerst verrührt und dann in die Pfanne gegeben. So lange braten lassen, bis die Eier stocken.

4. Das Omelett wird nach ein paar Minuten umgedreht und von der anderen Seite genauso lange angebraten. Nun kann es mit frischem Schnittlauch serviert werden.

Avocado-Salat mit Orange

Dauer: 10 Minuten | *Aufwand:* wenig | *Portionen:* 2

Zutaten:

- 2 Avocados
- 2 Orangen
- 1 Fenchel
- Olivenöl
- 1 EL Zitronensaft
- 2 EL Mandelsplitter
- Salz & Pfeffer
- ½ TL Chilipulver

Zubereitung:

1. Zuerst wird die Avocado halbiert und das Fruchtfleisch herausgelöffelt. Die Avocado in Würfel schneiden. Die Orange wird geschält und auch in Würfel geschnitten.

2. Als Nächstes den Fenchel halbieren und in dünne Streifen schneiden. Alles wird in eine Schüssel geben und mit etwas Öl und Zitronensaft vermischt.

3. Der Salat wird mit Salz und Pfeffer und etwas Chilipulver abgeschmeckt und mit Mandelsplittern bestreut.

Zucchini Puffer

Dauer: 25 Minuten | *Aufwand:* wenig | *Portionen:* 4

Zutaten:

- 5 Zucchini
- Salz & Pfeffer
- Kokosmehl
- 1 Ei
- Ghee

Zubereitung:

1. Zuerst für die Zucchini klein geschnitten und für 10 Minuten ruhen gelassen.

2. Jetzt wird die Flüssigkeit aus der Zucchini gedrückt und die Flüssigkeit in eine extra Schüssel gegeben.

3. Nun vermengt man die Zucchini mit etwas Kokosmehl, dem Ei und etwas Salz und Pfeffer. Daraus werden jetzt Puffer geformt.

4. Die Puffer jetzt mit Ghee in einer Pfanne anbraten und genießen.

Bananenbrot

Dauer: 70 Minuten | *Aufwand:* wenig | *Portionen:* 4

Zutaten:

- 4 Bananen
- 4 Eier
- 140g Butter
- 75g Kokosmehl
- 50g Walnüsse
- 1 EL Zimt
- 1 TL Backpulver
- 1 TL Vanille

Zubereitung:

1. Zuerst wird der Backofen auf 175° vorgeheizt.
2. Die Bananen werden zerdrückt und mit den Eiern und der Butter in eine Schüssel gegeben.
3. Es werden alle Zutaten vermischt und das Kokosmehl, der Zimt, die Vanille und das Backpulver in die Schüssel gegeben.
4. Jetzt wird alles gut durchgeknetet und in eine Kuchenform gegeben. Diese sollte vorher mit etwas Kokosöl eingefettet worden sein.
5. Der Kuchen wird nun für ungefähr 1 Stunde im vorgeheizten Backofen gebacken.

Müsliriegel

Dauer: 30 Minuten | *Aufwand:* mittel | *Portionen:* 10

Zutaten:

- 1 Tasse Mandeln
- 1 ½ Tassen Walnüsse
- 1 ½ Tassen Kokosraspeln
- 1/3 Tasse Rosinen
- 2/3 Tasse Kürbiskerne
- 2/3 Tasse Sonnenblumenkerne
- 3 EL Sesamkerne
- 3 EL Chiasamen
- 1 EL Orange Saft
- 2 EL Kokosöl
- ½ Tasse Honig

Zubereitung:

1. Zunächst wird der Backofen auf 175° vorgeheizt. Dann werden die Walnüsse grob gehackt und mit allen Zutaten bis auf das Kokosöl und dem Honig in einer großen Schüssel vermischt. Das Kokosöl wird mit dem Honig in einer Tasse verrührt, so dass daraus eine Masse wird.

2. Nun wird der Honig über die Nüsse gegeben und alles miteinander vermischt, so dass eine gleichmäßig klebrige Masse daraus wird. Die Müslimasse wird jetzt gleichmäßig auf einem Backblech verteilt.

3. Gebacken wird die Masse nun für 15-20 Minuten. Danach sollte die Müslimasse für ungefähr 20 Minuten in den Kühlschrank gestellt werden.

4. Wenn die Masse richtig hart ist, können daraus die Riegel geschnitten werden.

Süßes Rührei

Dauer: 5 Minuten | *Aufwand:* mittel | *Portionen:* 2

Zutaten:

- 7 Eier
- 1 EL Honig
- 2 TL Zitronensaft
- 1 EL Kokosöl
- 2 Bananen
- 4 EL Mandelsplitter
- 4 TL Zimtpulver
- 1 Mango
- 4 EL Kokosraspeln

Zubereitung:

1. Die Bananen werden in dünne Scheiben geschnitten und die Mango wird zuerst geschält und dann gewürfelt.

2. Nun werden im Verhältnis zwei Eigelb zu einem Eiweiß in eine Schale gegeben und mit Zitronensaft und Honig verrührt.

3. Jetzt wird die Pfanne mit etwas Kokosöl vorbereitet und erhitzt. Die Eiermischung hinzugeben.

4. Als nächstes wird das Ei so lange gebraten, bis es die gewünschte Konsistenz hat. Es wird regelmäßig umgerührt und sobald das Ei zu stocken anfängt werden alle anderen Zutaten hinzugeben und gut verrührt.

5. Dann kann das Rührei serviert werden und der Tag kann beginnen.

Kokos-Chia-Pudding

Dauer: 30 Minuten | *Aufwand:* mittel | *Portionen:* 2

Zutaten:

- 250ml Kokosmilch
- 200ml Wasser
- 1 EL Honig
- ½ TL Vanillepulver
- ½ Limette (die Schale)
- 60g Chiasamen
- Blaubeeren

Zubereitung:

1. Als erstes wird die Kokosmilch mit dem Wasser und dem Honig vermischt und gut verrührt.
2. Dann kommt das Vanillepulver, die Limettenschale und die Chiasamen hinzu.
3. Das Ganze wird nun in einem Gefäß gut verrührt und für 6 Stunden in den Kühlschrank gestellt. Am besten über die Nacht und morgens zum Frühstück werden dann die Blaubeeren über den Pudding verteilt.

Die Goldene Milch

Dauer: 10 Minuten | *Aufwand:* mittel | *Portionen:* 2

Zutaten:

- 1 Stück Ingwer
- 2 Stück Kurkuma
- 150ml Kokosmilch
- 150ml Mandelmilch
- 1 TL Zimt
- 1 Prise gemahlene Nelken
- Salz & Pfeffer
- 2 TL Honig

Zubereitung:

1. Zuerst wird der Ingwer und der Kurkuma geschält und grob geschnitten. Dann kommt die Kokosmilch mit der Mandelmilch in einen Topf und wird erwärmt.

2. Dazu kommen dann der Ingwer, der Kurkuma, der Zimt und die gemahlenen Nelken. Jetzt wird alles gut gemischt und verrührt.

3. Sobald die Milch warm ist wird der Topfinhalt püriert und in Gläser gefüllt. Nun kann die Milch nach Bedarf mit Honig gesüßt werden.

Tropischer Smoothie

Dauer: 10 Minuten | *Aufwand:* mittel | *Portionen:* 2

Zutaten:

- 1 Orange
- 1 Banane
- 1 halbe Ananas
- Koriander

Zubereitung:

1. Als Erstes wird die Orange ausgepresst, der Koriander gewaschen und die Blättchen vom Stiel abgezupft.
2. Jetzt wird die an Ananas geschält und grob gewürfelt.
3. Dann werden der Orangensaft, die Banane, die Ananas und der Koriander püriert oder gegebenenfalls in einen Mixer gegeben.
4. Nun kann der Smoothie serviert und als Frühstück genossen werden.

Avocado-Kaffee

Dauer: 5 Minuten | *Aufwand:* mittel | *Portionen:* 2

Zutaten:

- 1 Avocado
- 180ml Mandelmilch
- 6 Eiswürfel
- 50ml Kaffee
- 1 ½ EL Honig
- 2 TL Zimt

Zubereitung:

1. Zuerst wird die Avocado halbiert, der Kern entfernt und das Fruchtfleisch herausgelöffelt.

2. Jetzt werden alle Zutaten miteinander vermischt und püriert, bis eine cremige Konsistenz entsteht.

3. Nun werden die Eiswürfel hinzugeben und noch einmal alles gut verrührt. Die Konsistenz kann hier mit Mandelmilch verfeinert werden.

Vorspeise

Tomate Minze Gazzpaco

Dauer: 30 Minuten | *Aufwand:* viel | *Portionen:* 4

Zutaten:

- 1 Dose Tomaten
- 1 Gurke
- 1 Paprika
- 3 Knoblauchzehen
- 60g gemahlene Mandeln
- 6 EL Cherryessig
- Salz & Pfeffer
- Olivenöl
- 3 Stiele Minze

Zubereitung:

1. Zu Anfang werden die Gurke und die Paprika in kleine Würfel geschnitten und der Knoblauch klein gehackt.

2. Nun wird eine Schüssel mit dem Gemüse, den gemahlenen Mandeln, dem Salz, dem Essig und dem Öl vorbereitet. Der Inhalt dieser Schlüssel wird dann püriert.

3. Als letztes wird die Minze klein gehackt und die kalte Suppe mit Minze dekoriert und serviert.

Thunfischtatar

Dauer: 40 Minuten | *Aufwand:* mittel | *Portionen:* 4

Zutaten:

- 2 Zwiebeln
- 1 Mango
- 3 Stiele Koriander
- 1/2 Avocado
- 1 Limette
- 2 EL Olivenöl
- 400g Thunfischfilet
- ½ rote Zwiebel
- 1 EL Kapern

Zubereitung:

1. Als erstes werden die Frühlingszwiebeln gewaschen, geputzt und in feine Scheiben geschnitten. Danach wird die Mango geschält und fein gewürfelt.

2. Als nächstes wird der Koriander gewaschen und die Blätter gehackt. Danach wird die Avocado entkernt und gewürfelt. Nun muss alles in einer Schüssel umgerührt werden. Jetzt kommt der Limettensaft, das Olivenöl und etwas Salz und Pfeffer hinzu.

3. Dann wird der Thunfisch fein gewürfelt, genau wie die rote Zwiebel und die Kapern. Der Thunfisch, die Zwiebeln und die Kapern werden dann mit ein wenig Limettensaft und Olivenöl verrührt.

4. Nun wird mithilfe eines Ringausstechers etwas Mangosalat und darauf etwas des Thunfischtatars auf den Teller gegeben.

5. Bei den nächsten drei Tellern wird genauso verfahren und garniert wird das Ganze mit dem kleingehacktem Schnittlauch.

Rucola-Parmaschinken-Salat

Dauer: 20 Minuten | *Aufwand:* wenig | *Portionen:* 4

Zutaten:

- 1/2 Zitrone
- Salz & Pfeffer
- 1 TL Honig
- 3 EL Olivenöl
- 2 Bund Rucola
- 2 EL Kapern
- 200g Parmaschinken

Zubereitung:

1. Als erstes wird die Zitrone ausgepresst und mit etwas Salz und dem Honig in einer Schüssel verrührt. Danach kommt das Olivenöl hinzu und alles wird mit Salz und Pfeffer abgeschmeckt.

2. Nun wird der Rucola gewaschen, geputzt, getrocknet und klein gezupft.

3. Als nächstes werden die Kapern abgetropft und in das Ölgemisch gerührt. Jetzt wird das Dressing über den Rucolasalat gegeben und alles gut vermischt.

4. Der Salat kann nun mit Parmaschinken angerichtet und serviert werden.

Gegrillte Zucchini

Dauer: 15 Minuten | *Aufwand:* wenig | *Portionen:* 4

Zutaten:

- 2 Zucchini
- Salz & Pfeffer
- 3 Tomaten
- 1 Bund Rucola
- 10g Tahini-Paste

Zubereitung:

1. Zu Anfang werden die Zucchini gewaschen, geputzt und halbiert.

2. Danach werden die halbierten Zucchini, mit den Schnittflächen nach unten für circa 10 Minuten gegrillt. Je nach Bedarf können die Zucchini hier schon mit Salz und Pfeffer gewürzt werden.

3. Währenddessen werden die Tomaten gewaschen und in dünne Scheiben geschnitten. Auch der Rucola wird gewaschen, getrocknet und klein gezupft.

4. Im letzten Schritt werden die Zucchinihälften mit der Tahini Paste bestrichen und mit dem Rucola und den Tomatenscheiben belegt. Jetzt ist das Gericht fertig und kann genossen werden.

Gefüllte Aubergine mit Salsa

Dauer: 60 Minuten | *Aufwand:* wenig | *Portionen:* 4

Zutaten:

- 2 Auberginen
- 4 Tomaten
- 2 Knoblauchzehen
- 5 Zweige Thymian
- 1 Chilischote
- Olivenöl
- Zitronensaft
- Salz & Pfeffer

Zubereitung:

1. Als erstes wird der Backofen auf 200° vorgeheizt und die Auberginen auf der mittleren Schiene für etwa 30 Minuten gegart.

2. Danach werden die Auberginen der Länge nach halbiert. Die Innenseiten werden jetzt mit Öl bestrichen und die Auberginenhälften kommen für weitere 25 Minuten bei 180° in den Ofen. Währenddessen werden die Tomaten gewaschen, getrocknet und in kleine Würfel geschnitten.

3. Als Nächstes wird der Knoblauch geschält und wie die Chilischote klein gehackt. Die Thymian Blätter werden vom Zweig entfernt. Sobald die Auberginen fertig sind, wird das Fruchtfleisch aus dem Inneren der Aubergine entfernt und klein gehackt.

4. Weiter wird das Fruchtfleisch zusammen mit den Tomaten, dem Knoblauch, der Chilischote und dem Thymian vermischt und mit Salz und Pfeffer sowie Zitronensaft und 5 EL Olivenöl abgeschmeckt.

5. Als letztes kommt die Salsa wieder in die ausgehüllten Auberginenhälften und wird mit ein wenig Thymian dekoriert und serviert.

Spargelsuppe

Dauer: 70 Minuten | *Aufwand:* mittel | *Portionen:* 4

Zutaten:

- ½ Tasse Cashewkerne
- ½ Tasse Mandelmilch
- Olivenöl
- Zitronensaft
- Meersalz
- Salz & Pfeffer
- 500g weißer Spargel
- 1 Zwiebel
- 1L Gemüsebrühe
- 2 Knoblauchzehen

Zubereitung:

1. Als erstes werden die Cashewkerne in der Mandelmilch, dem Olivenöl, etwas Zitronensaft und ein wenig Salz und Pfeffer eingeweicht.

2. Nun werden der Spargel, die Zwiebeln und der Knoblauch geschält und klein geschnitten.

3. Sobald die Cashewkerne eingeweicht sind, wird die Brühe, der Spargel, die Zwiebeln und den Knoblauchzehen dazugeben und das ganze für 1 Stunde kochen gelassen.

4. Wenn die Suppe fertiggekocht ist, wird alles mit einem Pürierstab püriert, so dass keine Stückchen mehr in der Suppe sind. Wahlweise wird die Suppe mit feingehackten Schnittlauch serviert.

Tomaten-Avocado-Salat

Dauer: 15 Minuten | *Aufwand:* wenig | *Portionen:* 2

Zutaten:

- 1 Avocado
- 200g Cocktailtomaten
- Limettensaft
- Olivenöl
- 1 Zwiebel
- Basilikum
- Salz & Pfeffer

Zubereitung:

1. Zuerst werden die Cocktail Tomaten geviertelt und Zwiebel geschält und klein gehackt. Außerdem wird die Limette ausgepresst.

2. Dann wird die Avocado halbiert und der Stein entfernt. Das Fruchtfleisch wird herausgelöffelt und die Avocado in grobe Würfel geschnitten.

3. Jetzt kommen die Tomaten, die Avocado, die Zwiebeln und der Limettensaft in eine Schüssel. Verfeinert wird der Salat mit etwas Olivenöl und Salz und Pfeffer.

4. Nun kann der Salat serviert werden und nach Belieben mit kleingehacktem Basilikum dekoriert und serviert werden.

Rote Beete Suppe

Dauer: 40 Minuten | *Aufwand:* mittel | *Portionen:* 5

Zutaten:

- 3 rote Beete
- 5 Tassen Gemüsebrühe
- 75ml Kokosmilch
- 1 EL Ingwer
- 3 Knoblauchzehen
- 1 Zwiebel
- Olivenöl
- Salz & Pfeffer
- Petersilie

Zubereitung:

1. Als erstes werden die Zwiebeln geschält und in kleine Würfel gehackt. Auch der Ingwer, der Knoblauch und die rote Beete werden geschält und in Würfel geschnitten.

2. Nun wird in einem großen Topf etwas Öl erhitzt und die Zwiebeln für etwa 5 Minuten darin angebraten. Auch der Knoblauch und der Ingwer kommen dann hinzu. Als Nächstes wird die rote Beete mit der Gemüsebrühe in den Topf gegeben

3. Die Suppe wird zum Kochen gebracht und für ungefähr 20 Minuten köcheln lassen.

4. Sobald die rote Beete weich genug ist, wird alles im Topf mit einem Stabmixer püriert und etwas Kokosmilch hinzugegeben.

5. Die Suppe ist nun fertig und kann mit etwas Salz und Pfeffer abgeschmeckt und mit der Petersilie serviert werden.

Ingwer Suppe

Dauer: 40 Minuten | *Aufwand:* wenig | *Portionen:* 2

Zutaten:

- 30g Ingwer
- 1 Knoblauchzehe
- 1 Zwiebel
- 125g Butternuss Kürbis
- 1 Karotte
- Olivenöl
- 1 TL Currypulver
- 400ml Gemüsebrühe
- 4 Garnelen
- 100ml Kokosmilch
- Salz & Pfeffer

Zubereitung:

1. Als erstes werden der Ingwer, der Knoblauch und die Zwiebeln gewaschen, geschält und klein gehackt. Auch der Kürbis und die Möhren werden gewaschen, geschält und in dünne Streifen geschnitten.

2. Nun wird etwas Öl in einem Topf erhitzt und darin die Zwiebeln, der Knoblauch und der Ingwer angebraten. Die Zwiebeln werden jetzt mit dem Currypulver bestreut und mit der Gemüsebrühe abgelöscht.

3. Nachdem die Gemüsebrühe für 10 Minuten gekocht hat werden der Kürbis und die Karotten hinzugeben und alles für weitere 10 Minuten gegart.

4. Als letztes kommen die gewaschenen Garnelen hinzu und der Topf wird mit Salz gewürzt. Dann noch etwas Kokosmilch in den Topf geben und alles für 3 Minuten aufkochen lassen und servieren.

Champignons Salat

Dauer: 25 Minuten | *Aufwand:* wenig | *Portionen:* 2

Zutaten:

- 1 Bund Löwenzahnsalat
- 400g Champignons
- 150ml Gemüsebrühe
- Salz & Pfeffer
- 2 EL Balsamico Essig
- Olivenöl

Zubereitung:

1. Als erstes wird der Löwenzahnsalat geputzt, gewaschen, getrocknet und in mundgerechte Stücke geschnitten.

2. Danach werden die Champignons geputzt und halbiert oder geviertelt. Die Hälfte der Champignons wird nun mit etwas Gemüsebrühe in einer Pfanne aufgekocht und für 2 Minuten gedünstet, sobald die Flüssigkeit verdampft ist.

3. Dann wird der Rest der Champignons hinzugeben und das Ganze mit Salz und Pfeffer gewürzt.

4. Sobald die Champignons fertig gebraten sind, werden sie herausgenommen und die restliche Gemüsebrühe wird in der Pfanne mit etwas Essig, Salz, Pfeffer und Olivenöl zu einer Salatsauce verrührt und aufgekocht.

5. Nun werden die Champignons mit dem Löwenzahnsalat auf zwei Tellern angerichtet und serviert. Verfeinern sie den Salat mit dem selbstgemachten Dressing aus der Pfanne.

Linsensalat

Dauer: 30 Minuten | *Aufwand:* viel | *Portionen:* 4

Zutaten:

- 150g Belugalinsen
- 2 Stangen Staudensellerie
- ½ Paprika
- ½ Zitrone
- Salz & Pfeffer
- Olivenöl
- 3 Stiele Koriander

Zubereitung:

1. Als erstes werden die Linsen in circa 500 ml Wasser für 20 Minuten gekocht. Das überschüssige Wasser wird abgegossen und die Linsen werden abkühlen gelassen.

2. Jetzt wird der Sellerie und die Paprika gewaschen, geputzt und klein gewürfelt.

3. Als nächstes werden die Linsen vorbereitet. Sie werden mit Salz und Pfeffer gewürzt und dann wird das Öl, der Sellerie und die Paprika untergemischt. Außerdem wird der Linsensalat mit etwas Zitronensaft verfeinert.

4. Als letztes wird der Koriander gewaschen und die kleinen Blättchen geschnitten und über den Salat gegeben.

Knusper-Blumenkohl

Dauer: 15 Minuten | *Aufwand:* wenig | *Portionen:* 4

Zutaten:

- 1 Blumenkohl
- 1 TL Kurkuma
- Salz & Pfeffer
- 2 EL Röstzwiebeln
- 1 TL Orangenschale
- ½ TL brauner Zucker
- ½ TL Currypulver
- ½ TL getrockneter Oregano
- Chiliflocken
- 1 TL Sesamöl

Zubereitung:

1. Zunächst wird der Blumenkohl geputzt und mit Salzwasser zum Kochen gebracht.

2. Sobald der Blumenkohl bissfest ist, wird das Wasser abgegossen und der Blumenkohl abkühlen gelassen.

3. Jetzt werden alle Gewürze kleingehackt und über den Blumenkohl gegeben. Zum servieren wird etwas Sesamöl über den Kohl geträufelt.

Hauptspeisen

Fisch Rezepte

Lachsfilet auf Gemüse

Dauer: 15 Minuten | *Aufwand:* wenig | *Portionen:* 4

Zutaten:

- 4 Lachsfilets
- 600g Stangensellerie
- 420g Gurke
- 1 rote Zwiebel
- 20g Ingwer
- Kokosöl
- 275ml Kokosmilch
- ½ Limette
- 2 Prisen Salz&Pfeffer
- 1 Handvoll Koriander und Basilikum
- ½ Handvoll Petersilie und frische Minze

Zubereitung:

1. Den Staudensellerie und die Gurke waschen und in Streifen schneiden. Die Zwiebel schälen und in dünne Ringe schneiden. Den Ingwer schälen und klein hacken.

2. Die Zwiebel, den Ingwer und den Sellerie in Kokosöl anbraten. Die Gurke zusammen mit der Kokosmilch hinzugeben. Kurz aufkochen und mit Salz und Pfeffer abschmecken.

3. In einer neuen Pfanne ein wenig Kokosöl erhitzen und den Lachs je Seite ca. 3 Minuten anbraten.

4. Kräuter zupfen und unter das Gemüse heben. Den Lachs auf dem Gemüse garnieren und servieren.

Lachs-Zucchini-Röllchen

Dauer: 35 Minuten | *Aufwand:* wenig | *Portionen:* 2

Zutaten:

- 300g geräucherter Lachs
- 2 Lauchzwiebeln
- 1 Zucchini
- 1 Apfel
- 2 EL Limettensaft
- 1 TL Senf
- 1 TL Honig
- 1 Prise Salz & Pfeffer
- 1 Bund Schnittlauch
- Olivenöl

Zubereitung:

1. Den Lachs würfeln. Die Zwiebel waschen, schälen und in feine Ringe schneiden. Den Apfel waschen, entkernen und würfeln. Den Fisch mit den Zwiebelringen und dem Apfel mischen. Den Honig, den Senf, den Limettensaft und Salz & Pfeffer untermischen und alles 10 Minuten ziehen lassen.

2. Die Zucchini waschen und der Länge nach in Scheiben schneiden. Ein wenig Olivenöl in einer Pfanne erhitzen und die Zucchinischeiben kurz anbraten. Sobald die Scheiben gegart sind mit Salz und Pfeffer würzen und aus der Pfanne nehmen.

3. Zum Schluss alles würzen und servieren.

Lachs auf Gemüsenudeln

Dauer: 45 Minuten | *Aufwand:* wenig | *Portionen:* 2

Zutaten:

- 2 Lachfiltes
- 2 Süßkartoffeln
- 400g Karotten
- 2 EL Kokosmehl
- 5 EL Kokosraspeln
- 1 Ei
- ½ TL Knoblauch- und Paprikapulver

Für den Dip:

- 2 EL Dijon Senf
- 2 EL Honig
- Prise Salz & Pfeffer
- 1 TL Paprikapulver
- ½ TL Zwiebelpulver

Zubereitung:

1. Backofen auf 200°C vorheizen. Den Lachs abwaschen. Das Kokosmehl und die Kokosflocken in zwei Teller geben. In einem dritten Teller das Ei zusammen mit den Gewürzen verquirlen. Die Lachsstücke erst in Mehl, dann im Ei und als letztes in den Kokosflocken wälzen. Auf einem Blech für 15 Minuten backen.

2. Die Süßkartoffeln und die Karotten schälen und durch einen Spiralschneider drehen. Für den Dip alle Zutaten cremig rühren.

3. Nach 15 Minuten das Gemüse um den Lachs verteilen. Für 10 Minuten garen, bis die Panade goldbraun ist.

Dorade aus dem Ofen

Dauer: 15 Minuten | *Aufwand:* wenig | *Portionen:* 4

Zutaten:

- 2 Doraden
- 1 ½ Zitronen
- 1 Stiel Rosmarin
- 2 ½ EL Olivenöl

Zubereitung:

1. Backofen auf 180°C vorheizen.

2. Doraden von innen und außen abwaschen und abtupfen. Die Zitrone in Scheiben schneiden und in den Fisch legen. 5 Minuten liegen lassen.

3. Die Rosmarinzweige in den Fisch legen, mit Olivenöl besreichen und für 15 Minuten im Ofen backen.

Fischcurry

Dauer: 25 Minuten | *Aufwand:* wenig | *Portionen:* 2

Zutaten:

- 300g Seelachs
- 220g Eismeergarnelen
- 1 Stück Ingwer
- 3 Knoblauchzehen
- 1 kleine Zwiebel
- 1 EL Currypulver
- 4 EL Kokosöl
- 80ml Kokosmilch
- Prise Meersalz

Zubereitung:

1. Die Knoblauchzehen, den Ingwer und die Zwiebeln schälen, klein hacken und kurz in Kokosöl anbraten.

2. Den grauen Teil des Lachs entfernen und den Lachs grob würfeln. Die Eismeergarnelen abtropfen.

3. Den Fisch und die Garnelen zusammen mit dem Currypulver anbraten und mit der Kokosmilch ablöschen. Alles für 5 Minuten köcheln lassen.

Rotbarsch auf Pfifferlingen

Dauer: 30 Minuten | *Aufwand:* wenig | *Portionen:* 4

Zutaten:

- 4 Rotbarsch Hälften
- 1 Zwiebel
- 320g Pfifferlinge
- 450g kleine Tomaten
- 1 Bund Frühlingszwiebeln
- 1 EL Zitronensaft
- Kokosöl
- Salz & Pfeffer

Zubereitung:

1. Zuerst den Fisch abspülen und diesen dann mit Zitronensaft beträufeln und ordentlich salzen.

2. Die Tomaten kurz in kochendes Wasser geben und häuten. Die Zwiebeln klein hacken und die Frühlingszwiebeln in Ringe schneiden.

3. Die Zwiebeln in Kokosöl andünsten und die Pfifferlinge für 8 Minuten hineingeben. Die Frühlingszwiebeln und Tomaten nach den 8 Minuten hinzugeben. Für weitere 3 Minuten ziehen lassen.

4. Das Filet in einer seperaten Pfanne 3 Minuten je Seite anbraten. Alles mit Salz & Pfeffer abschmecken und servieren.

Knoblauch-Garnelen-Spieße

Dauer: 15 Minuten | *Aufwand:* wenig | *Portionen:* 4

Zutaten:

- 500g Garnelen
- 3 Chilis
- 6 Knoblauchzehen
- Olivenöl
- Meersalz

Zubereitung:

1. Die Garnelen waschen und abtrocknen. Der Länge nach auf einen Spieß stecken.

2. Die Chilis waschen und klein hacken. Die Knoblauchzehen schälen und hacken.

3. Die Garnelen mit den Chilis und den Knoblauchzehen in Olivenöl für 6 Minuten braten.

4. Mit ein wenig Meersalz würzen und kurz abtropfen lassen. Jetzt können die Spieße serviert werden.

Fleisch Gerichte

Lammfilet mit Granatapfel

Dauer: 40 Minuten | *Aufwand:* wenig | *Portionen:* 2

Zutaten:

- 2 Lammfilets
- 1 TL grüner Pfeffer
- ½ Bund Thymian
- Olivenöl
- 2 EL Pinienkerne
- 2 Granatäpfel
- 1 TL Oregano
- Pfeilwurzelstärke
- Honig

Zubereitung:

1. Den grünen Pfeffer mahlen. Die Hälfte der Thymianblätter fein hacken. Beides zusammen mit Olivenöl mischen und die Lammfilets darin eine halbe Stunde marinieren.

2. Die Pinienkerne goldbraun rösten und beiseite stellen. Die Granatäpfel auspressen und den Saft in einen Topf geben. Mit ½ TL grünen Pfeffer und Oregano erhitzen, mit der Pfeilwurzelstärke andicken und für 12 Minuten köcheln lassen. Die restlichen Thymianblätter mit ein wenig Honig dazugeben.

3. Die Lammfilets von jeder Seite 2 Minuten anbraten. Das fertige Fleisch würzen und die Sauce darüber geben und servieren.

Kohlrouladen

Dauer: 50 Minuten | *Aufwand:* wenig | *Portionen:* 4

Zutaten:

- 1 Weißkohl
- 500g Rinderhack
- 1 Zwiebel
- 1 Ei
- 500ml Gemüsebrühe
- 3 TL Senf
- 1 Bund Petersilie
- 3 TL Paprikapulver
- Salz & Pfeffer

Zubereitung:

1. Den Kohlkopf in kochendes Wasser geben und die Blätter entfernen. Die Blätter abschrecken und abtrocknen.

2. Das Ei, den Senf, die Petersilie, die Zwiebel, den Knoblauch, den Majoran und das Paprikapulver mit dem Hack vermischen und kräftig mit Salz & Pfeffer würzen.

3. Aus der Hackmasse kleine Rouladen formen und auf die Kohlblätter verteilen, zusammenrollen und festbinden. In etwas Ghee anbraten, mit der Gemüsebrühe aufgießen und 30 Minuten schmoren lassen.

Zitronenhühnchen

Dauer: 60 Minuten | *Aufwand:* wenig | *Portionen:* 4

Zutaten:

- 500g Spargel
- 10 Hühnerflügel
- 2 Süßkartoffeln
- 1 Zitrone
- 2 EL Senf
- ½ TL Thymian
- 2 EL Olivenöl

Zubereitung:

1. Den Backofen auf 200°C vorheizen. Die Zitrone halbieren. Schale reiben und 2 EL Saft pressen. Das Olivenöl mit dem Senf, dem Zitronensaft, der geriebenen Schale und dem Thymian vermischen und alles mit Salz & Pfeffer abschmecken. Die Marinade auf den Hühnerflügeln gleichermaßen verteilen.

2. Die Süßkartoffeln schälen und in kleine Würfel schneiden. In eine Form geben, mit Salz und Olivenöl bestreuen und für 20 Minuten backen.

3. Die Hühnerflügel von beiden Seiten scharf anbraten. In der Zwischenzeit den Spargel schälen, klein schneiden. Nach den 20 Minuten, die Hühnerflügel mit dem Spargel zu den Kartoffeln geben und weitere 30 Minuten braten.

4. Jetzt noch würzen und das Gericht kann serviert werden.

Schweinetopf

Dauer: 50 Minuten | *Aufwand:* wenig | *Portionen:* 4

Zutaten:

- 700g Schweinefleisch
- 1 Aubergine
- 1 Paprika
- 1 Zwiebel
- 3 Knoblauchzehen
- 1 kleine Stück Ingwer
- 1 Dose Kokosmilch
- 2 Zimtstangen
- 2 TL Sichuanpfeffer
- 1 geschälte Orange
- Petersilie
- Kokosöl

Zubereitung:

1. Das Fleisch in kleine Stücke schneiden, mit Salz & Pfeffer würzen und in einem Wok mit Kokosöl anbraten. Die Zwiebel, den Knoblauch und den Ingwer schälen und klein hacken und dazu geben.

2. Die Kokosmilch mit der Paprika, der Aubergine, der Zimtstangen sowie dem Sichuanpfeffer in den Wok geben und alles zum kochen bringen. Sieden lassen. Während dessen die Orange auspressen und den Saft mit in den Wok geben. Weitere 30 Minuten köcheln lassen.

3. Die Petersilie grob hacken und über den Schweinetopf geben.

Indisches Curryhuhn

Dauer: 40 Minuten | *Aufwand:* wenig | *Portionen:* 2

Zutaten:

- 2 Hühnerbrustfilets
- ½ Zwiebel
- ½ Stange Lauch
- 1 kleine Süßkartoffel
- 1 kleine Aubergine
- 1 Knoblauchzehe
- 1 TL Ingwer
- 3 TL Currypulver
- 1 Dose passierte Tomaten
- 175ml Kokosmilch
- Kokosöl

Zubereitung:

1. Die Zwiebel, den Ingwer und den Knoblauch schälen und fein hacken. Den Lauch in feine Ringe schneiden. Die Aubergine würfeln und die Kartoffel schälen und auch würfeln. Die Hühnerbrustfilets in kleine Stücke schneiden.

2. Kokosöl erhitzen und das Hähnchen kurz anbraten. In einer weiteren Pfanne Kokosöl erhitzen und die Zwiebeln, den Lauch, die Süßkartoffel- und Auberginenwürfel anbraten. Den Knoblauch, den Ingwer und das Curry dazugeben.

3. Mit den passierten Tomaten ablöschen, das Hühnchen hinzugbeen und mit Kümmel, Salz & Pfeffer abschmecken. Weitere 15 Minuten köcheln. Die Kokosmilch mit dem Curry dazugeben. Kurz garen lassen und servieren.

Rückensteak mit Gemüse

Dauer: 40 Minuten | *Aufwand:* wenig | *Portionen:* 2

Zutaten:

- 2 Schweinerückensteak
- 85g weiße Bohnen
- 300g Cocktailtomaten
- 1 Knoblauchzehe
- Prise Zitronenschale
- 2 Msp. scharfer Senf
- Handvoll Rucola
- Olivenöl
- Eine Prise Chili, Salz & Pfeffer

Zubereitung:

1. Backofen auf 100°C vorheizen. Die Steaks mit Salz & Pfeffer würzen und in Olivenöl anbraten. Mit einem Tuch abtupfen, mit dem Senf bestreichen und für 35 Minuten im Backofen garen.

2. Bohnen abspülen. Die Tomaten waschen und halbieren. Den Knoblauch schälen und fein hacken. Die Tomaten mit dem Knoblauch und den Bohnen in die noch heiße Pfanne geben und andünsten. Mit dem Chili, der Zitronenschale, Salz & Pfeffer würzen. Die Pfanne mit zu dem Fleisch in den Ofen geben.

3. Als letztes, den Rucola waschen, die Stiele grob entfernen und unter das Gemüse heben. Steak mit dem Gemüse anrichten.

Gemüse Gerichte

Kürbis Chili sin carne

Dauer: 40 Minuten | *Aufwand:* wenig | *Portionen:* 2

Zutaten:

- 1 Hokkaido Kürbis
- 500ml Gemüsebrühe
- 1 Avocado
- 3 Karotten
- 1 Zwiebel
- 2 Knoblauchzehen
- 1 Chilischote
- 3 EL Tomatenmark
- ½ TL Salz
- Prise Pfeffer
- Ghee

Zubereitung:

1. Den Kürbis entkernen und die Schale in mundgerechte Würfel schneiden. Die Karotten schälen und in Scheiben schneiden. Die Zwiebel, den Knoblauch und die Chilischote klein schneiden.

2. Das Ghee erhitzen und die Zwiebel 3 Minuten dünsten. Den Kürbis, die Karotten, den Knoblauch und die Chilischote hinzugeben. Alles unter dauerhaftem Rühren 5 Minuten anrösten. Das Tomatenmark mit der Gemüsebrühe vermischen und das geröstete Gemüse ablöschen. Zudecken und 20 Minuten köcheln.

3. Mit Salz & Pfeffer abschmecken und mit Avocadostücken servieren.

Buddha Bowl

Dauer: 35 Minuten | *Aufwand:* wenig | *Portionen:* 4

Zutaten:

- 200g Feldsalat
- 500g Herbstgemüse nach Wahl
- Olivenöl
- Prise Salz & Pfeffer

Für die Gewürznüsse:

- 120g Cashewnüsse
- ½ TL Chili
- Honig

Für das Dressing:

- 2 Pflaumen
- 1 EL Zitronensaft
- 2 EL Honig
- Prise Zimt, Salz & Pfeffer

Zubereitung:

1. Den Backofen auf 200°C vorheizen. Den Feldsalat waschen, das Gemüse schälen und in Stücke schneiden. Die Gemüsestücke auf einem Backblech verteilen, mit Olivenöl, Salz & Pfeffer bestreichen. 20 Minuten gar backen.

2. Die Cashewnüsse 2 Minuten anrösten. Das Olivenöl, den Honig, einen ½ TL Salz und Chili hinzugeben. Die Nüsse beiseitestellen.

3. Für das Dressing alle Zutaten in den Mixer geben. Einen tiefen Teller mit dem Feldsalat auslegen, das gebackene Herbstgemüse darüber verteilen und mit den Nüssen garnieren. Das Dressing darüber geben und servieren.

Sommerrollen

Dauer: 15 Minuten | *Aufwand:* wenig | *Portionen:* 4

Zutaten:

- 6 Blattkohl
- 2 Karotten
- 1 kleine Gruke
- 1 Avocado
- 1 Mango
- 1 Hand Rotkohl

Für den Dip:

- 60g Tahini
- ½ TL Salz
- ½ TL Zwiebelpulver
- ½ TL Knoblauchpulver
- 1 Zitrone
- 45ml Wasser

Zubereitung:

1. Den Kohl waschen und abtupfen. Die Karotten, die Gurke, die Avocado, die Mango und den Rotkohl in Streifen schneiden. Je einen Gemüsestreifen in einem Salatblatt mittig platzieren.

2. Das Salatblatt an der Ober-und Oberseite einklappen und einrollen.

3. Für den Dip alle Zutaten zusammen mischen. Ziehen lassen und servieren.

Pastinaken Pasta

Dauer: 25 Minuten | *Aufwand:* wenig | *Portionen:* 2

Zutaten:

- 130g Cashewkerne
- 100ml Mandelmilch
- Prise Muskatnuss
- ½ TL Salz & Pfeffer
- 1 kleine Zwiebel
- 5 Knoblauchzehen
- 1 TL Ghee
- 4 Pastinaken
- frische Petersilie

Zubereitung:

1. Die Cashewkerne für mindestens 6 Stunden in lauwarmen Wasser einlegen. Abbrausen und mit der Mandelmilch, der Muskatnuss, dem Salz & Pfeffer in einem Mixer vermischen. Die Zwiebel und die Knoblauchzehen schälen und fein würfeln.

2. Das Ghee erhitzen. Die Zwiebeln anbraten und die Knoblauchzehen hinzugeben. 3 Minuten weiterdünsten lassen.

3. Die Pastinaken waschen und die Schale entfernen. Mit einem Spiralschneider in dünne Streifen geschnitten. Für 1-2 Minuten kochen. Mit der Cashewkern-Sauce vermischen und servieren.

Paprika Gulasch

Dauer: 25 Minuten | *Aufwand:* wenig | *Portionen:* 2

Zutaten:

- 1 große Zwiebel
- 400ml Brühe
- 3 Knoblauchzehen
- 1 Lorbeerblatt
- 3 EL Ghee
- 1 Glas Artischokenherzen
- 4 EL Tomatenmark
- 1 EL Paprikapulver
- ½ TL Salz & Pfeffer

Zubereitung:

1. Die Zwiebeln und den Knoblauch schälen und würfeln. Die Zwiebeln mit den Lorbeerblättern in Ghee andünsten.

2. Den Knoblauch pressen, zu den Zwiebeln hinzugeben und braten. Während dessen die Artischocken abwaschen und hinzufügen. Das Tomatenmark hinzugeben und alles anbraten.

3. Alles mit der Brühe ablöschen, die Gewürze hinzugeben und weitere 10 Minuten kochen lassen.

Blumenkohlreis Pfanne

Dauer: 30 Minuten | *Aufwand:* wenig | *Portionen:* 2

Zutaten:

- ½ Blumenkohl
- 400g Hühnerbrust
- ½ Brokkoli
- 3 Karotten
- 3 Weißkohlblätter
- 1 Handvoll Kräuter
- 1 kleines Stück Ingwer
- 2 Schalotten
- 2 Knoblauchzehen
- Prise Salz & Pfeffer
- Kokosöl

Zubereitung:

1. Die Hühnerbrust in kochendem Wasser für 15 Minuten garen. Mit einer Gabel in Fasern reißen. Während die Hühnerbrust gart, den Blumenkohl fein hacken. Die Karotten schälen und raspeln. Den Brokkoli in kleine Röschen teilen. Den Kohl in Streifen schneiden. Die Schalotten, den Ingwer und den Knoblauch schälen und klein hacken.

2. Alles für 8 Minuten in Kokosöl anschwitzen. Den Blumenkohl hinzugeben und ein weiteres Mal scharf anbraten. Das Hühnchen hinzugeben.

3. Mit Salz & Pfeffer abschmecken und servieren.

Vegetarische Gerichte

Zucchininudeln

Dauer: 25 Minuten | *Aufwand:* wenig | *Portionen:* 2

Zutaten:

- 2 Zucchini
- 300g Cocktailtomaten
- 1 rote Zwiebel
- 1 Knoblauchzehe
- 6 Basilikumblätter
- Olivenöl
- Prise Chili, Salz & Pfeffer

Für das Pesto:

- 1 Bund Bärlauch
- 200g Pinienkerne
- 7 EL Olivenöl
- 10 Basilikumblätter
- Prise Salz

Zubereitung:

1. Die Tomaten halbieren. Die Zwiebeln und die Knoblauchzehen schälen und fein hacken. Die Zucchini mit einem Spiralschneider in Nudelform schneiden.

2. Das Olivenöl erhitzen. Die Zwiebel und den Knoblauch andünsten. Die Zucchininudeln mit dazugeben. Nach Geschmack mit Salz, Pfeffer und Chili würzen. Nach 3 Minuten die Tomaten zugeben und weitere 3 Minuten braten.

3. Für das Pesto den Bund Bärlauch mit dem Salz, den Pinienkernen, dem Olivenöl und den Basilikumblättern mixen bis ein Pesto entsteht. Servieren.

Zucchini-Tomatenrolle

Dauer: 50 Minuten | *Aufwand:* wenig | *Portionen:* 4

Zutaten:

- 500g Zucchini
- 750g Fleischtomaten
- 5 Eier
- 80g Mandelmehl
- 80g gemahlene Haselnuss
- 14 schwarze Oliven
- 1 Bund Petersilie
- 1 Bund Basilikum
- Prise Salz & Pfeffer

Zubereitung:

1. Backofen auf 200°C vorheizen. Die Zucchini waschen und grob raspeln. Die Eier trennen und das Eiweiß steif schlagen. Das Eigelb mit Mandelmehl und 50g Nüssen verrühren.

2. Die erste Hälfte des Eischnees unterheben. Als nächstes die Zucchini und zum Schluss die andere Hälfte des Eischnees unterheben. Die Masse auf dem Backblech verteilen und auf 180°C für ca. 20 Minuten backen.

3. Die Tomaten waschen, anschneiden, in kochendem Wasser brühen, häuten und würfeln. Die Oliven entkernen, klein hacken und zu den Tomatenwürfeln geben. Die restlichen Nüssen auf das Omelett geben und die Tomaten Mischung darüber verteilen, einrollen und 15 Minuten weiterbacken.

4. Jetzt werden die Rollen gewürzt und können serviert werden.

Wirsingpfanne

Dauer: 25 Minuten | *Aufwand:* wenig | *Portionen:* 4

Zutaten:

- 1 Wirsing
- 1 Zwiebel
- 120ml Gemüsebrühe
- 1 Knoblauchzehe
- 3 EL Ghee
- ½ TL Salz
- Prise Pfeffer & Muskat

Zubereitung:

1. Den Wirsing waschen, vierteln und den Strunk entfernen. Die Zwiebel schälen und in zusammen mit den Blättern des Wirsings in Streifen schneiden. Den Knoblauch fein hacken.

2. Die Zwiebeln 3 Minuten im Ghee andünsten. Den Knoblauch und den Wirsing hineingeben und für weitere 5 Minuten anbraten.

3. Mit der Gemüsebrühe ablöschen und 15 Minuten abgedeckt weiter dünsten. Alles mit Salz, Pfeffer und Muskat würzen und servieren.

Gefüllte Aubergine

Dauer: 60 Minuten | *Aufwand:* wenig | *Portionen:* 4

Zutaten:

- 2 Auberginen
- 5 Tomaten
- 3 Knoblauchzehen
- 5 Zweige Thymian
- 1 Chili
- 1 Zitrone
- Prise Salz & Pfeffer
- Olivenöl

Zubereitung:

1. Den Backofen auf 200°C vorheizen. Die beiden Auberginen auf ein Backblech legen und 30 Minuten garen. Währenddessen die Zitrone pressen. Die Tomaten und die Knoblauchzehen fein würfeln. Die Chili und die Thymianblätter hacken.

2. Die Aubergine längs halbieren. Die Innenseite mit Olivenöl bestreichen und 25 Minuten auf 180°C goldbraun backen. Nach Ablauf der Zeit vorsichtig das Fleisch der Aubergine mit einem Messer ca. 3 cm vom Rand entfernen. Zitronensaft und Meersalz nach Geschmack auf das Innere der Aubergine geben.

3. Das Fleisch der Aubergine hacken, mit den Tomaten, dem Knoblauch, der Chili und dem Thymian mischen und mit dem restlichen Zitronensaft, ein wenig Olivenöl und Salz & Pfeffer abschmecken.

Kürbis mit Pinienkern-Salbei

Dauer: 45 Minuten | *Aufwand:* wenig | *Portionen:* 6

Zutaten:

- 800g Kürbis
- 5 Knoblauchzehen
- 50g Pinienkerne
- 100g Butter
- ½ Bund Salbei
- 2 ½ EL Olivenöl
- Prise Salz & Pfeffer

Zubereitung:

1. Als erstes den Backofen auf 200°C vorheizen. Den Kürbis schälen und das Fruchtfleisch würfeln. Den Knoblauch schälen, hacken und mit den Kürbiswürfeln in das Olivenöl geben. Das Ganze wird in eine Auflaufform gegeben, mit Salz & Pfeffer abgeschmeckt und 30 Minuten gold braten.

2. Die Pinienkerne in Butter braten. Den Salbei nach ca. 3 Minuten dazugeben und umrühren bis die Kerne goldbraun und der Salbei knusprig ist.

3. Die Butter-Salbei-Sauce über den Kürbis verteilen und servieren.

Süßkartoffelstampf

Dauer: 30 Minuten | *Aufwand:* wenig | *Portionen:* 4

Zutaten:

- 2 große Süßkartoffeln
- 1 Chili
- 1 Knoblauchzehe
- Prise Salz

Zubereitung:

1. Die Kartoffeln schälen und vierteln. Die Kartoffelstücke in Salzwasser geben und für etwa 25 Minuten kochen.

2. Das Kartoffelwasser abgießen und die Kartoffeln zu Brei stampfen.

3. Zum Schluss den Knoblauch pressen und mit den Chili in dein Brei einarbeiten.

Schnelle Küche

Zucchini Lachs Spaghetti

Dauer: 15 Minuten | *Aufwand:* wenig | *Portionen:* 2

Zutaten:

- 2 Zucchini
- 200g Seelachsfilet
- 300ml Kokosmilch
- 2 Schalotten
- Kokosöl
- Prise Petersilie, Salz & Pfeffer

Zubereitung:

1. Die Zucchini waschen, trocknen und mit einem Spiralschneider in dünne Spaghetti schneiden. Die Schalotten schälen und würfeln. Den Lachs waschen, trocken tupfen und in Würfel schneiden.

2. Dann das Kokosöl in einer Pfanne erhitzen und die Schalotten andünsten. Den Lachs hinzugeben und weiter dünsten.

3. Die Pfanne mit Kokosmilch ablöschen. Die Zucchini Streifen mit in die Sauce geben und vermengen. Mit Salz & Pfeffer abschmecken.

Scharfes Blumekohlcurry

Dauer: 20 Minuten | *Aufwand:* wenig | *Portionen:* 2

Zutaten:

- 1 Blumenkohl
- 1 Zwiebel
- 1 Knoblauchzehe
- ½ TL Gemüsebrühe
- 2 TL Currypaste
- Prise Currypulver
- Prise Kreuzkümmel
- Prise Paprikapulver
- Olivenöl

Zubereitung:

1. Als erstes die Zwiebel schälen, klein hacken und in Olivenöl andünsten. Die Röschen vom Blumenkohl trennen und mit den Gewürzen zu den Zwiebeln geben.

2. Als Nächstes die restlichen Zutaten dazugeben und solange kochen bis der Blumenkohl bissfest ist.

3. Optional mit Reis oder Kartoffeln servieren.

Rucolasalat mit Speck

Dauer: 10 Minuten | *Aufwand:* wenig | *Portionen:* 2

Zutaten:

- 200g Rucola
- ½ Zwiebel
- 100g Schinkenspeck
- 2 Eier
- 4 EL Essig
- Olivenöl
- Prise Salz & Pfeffer

Zubereitung:

1. Im ersten Schritt den Rucola waschen. Die Eier kochen, pellen und vierteln.
2. Olivenöl erhitzen und den Speck darin anbraten. Aus der Pfanne nehmen und 4 EL Essig mit Salz & Pfeffer in die Pfanne geben.
3. Als Letztes das Dressing kurz aufkochen lassen und mit den Eiern und Speckstreifen über den Rucolasalat verteilen.

Lachs-Avocado Rührei

Dauer: 5 Minuten | *Aufwand:* wenig | *Portionen:* 1

Zutaten:

- 4 Eier
- 200g Lachs
- ½ Bund Schnittlauch
- 1 Avocado
- Kokosöl
- Prise Salz & Pfeffer

Zubereitung:

1. Die Avocado halbieren, entkernen und würfeln. Die Eier verquirlen und den Schnittlauch waschen und fein hacken.

2. Den Lachs in kleine Würfel schneiden und unter die Eiermasse heben. Das Kokosöl erhitzen und das Rührei zubereiten.

3. Das Rührei mit Schnittlauch und Avocado dekorieren und servieren.

Bananen-Pancakes

Dauer: 10 Minuten | *Aufwand:* wenig | *Portionen:* 2

Zutaten:

- 4 Bananen
- 6 Eier
- Olivenöl

Zubereitung:

1. Die Bananen schälen und grob schneiden. Die Eier verquirlen und das Ei hinzugeben. Mit einem Stabmixer pürieren, bis keine Stückchen mehr vorhanden sind.

2. Öl in einer Pfanne erhitzen und die Bananen Pancakes backen.

Taboulé

Dauer: 15 Minuten | *Aufwand:* wenig | *Portionen:* 4

Zutaten:

- 200g Brokkoli
- 3 Stängel Petersilie
- 1 Stängel Minze
- 2 Knoblauchzehen
- 150g Kirschtomaten
- ½ rote Zwiebel
- ½ Paprika
- 1 EL Zitronensaft
- 1 EL Wallnussöl
- Agavendicksaft
- Prise Salz & Pfeffer

Zubereitung:

1. Den Brokkoli waschen, trocknen und in kleine Röschen teilen. Die Kräuter waschen und die Blättchen abtrennen. Den Knoblauch schälen, hacken und zusammen mit dem Brokkoli und den Kräutern fein mischen.

2. Die Brösel mit dem Zitronensaft, Wallnussöl, einigen Tropfen Agavendicksaft und Salz & Pfeffer abschmecken. Die Tomaten waschen, halbieren und in dünne Scheiben schneiden. Die Paprika waschen, entkernen und mit der geschälten Zwiebel fein würfeln.

3. Das Gemüse mit dem Taboulé anrichten und servieren

Smoothies

Greeny Smoothie

Dauer: 5 Minuten | *Aufwand:* wenig | *Portionen:* 1

Zutaten:

- 1 Birne
- ¼ Gurke
- ½ Zucchini
- 1 Stück Ingwer

Zubereitung:

1. Den Ingwer schälen. Die Gurke und die Zucchini waschen, schälen und klein schneiden. Die Birne entkernen.

2. Alle Zutaten mit 150ml Wasser in einem Mixer geben und mixen.

Mango Smoothie

Dauer: 5 Minuten | *Aufwand:* wenig | *Portionen:* 1

Zutaten:

- 1 Mango
- 130ml Kokosmilch
- 1 Stück Ingwer
- 1 ½ TL Zimt
- 8 Blatt Pfefferminze

Zubereitung:

1. Die Mango schälen und entkernen. Den Ingwer schälen.
2. Alle Zutaten mit 100ml Wasser in den Mixer geben und mixen.

Himbeer Nuss Smoothie

Dauer: 5 Minuten | *Aufwand:* wenig | *Portionen:* 1

Zutaten:

- 120g Himbeeren
- 3 EL Leinsamen
- 12g Mandeln
- 150g Mandelmilch

Zubereitung:

1. Alle Zutaten in den Mixer geben und mixen.

Bananen Smoothie

Dauer: 5 Minuten | *Aufwand:* wenig | *Portionen:* 1

Zutaten:

- ½ Banane
- ½ Apfel
- ¼ Zitrone
- 1 Stück Ingwer
- 25g Rucola
- 25g Leinsamen

Zubereitung:

1. Ingwer schälen und kleinhacken. Die Banane schälen und zusammen mit dem Apfel kleinschneiden.

2. Alle Zutaten mit 150ml Wasser in einen Mixer geben und mixen.

Karotten Smoothie

Dauer: 5 Minuten | *Aufwand:* wenig | *Portionen:* 1

Zutaten:

- 2 Karotten
- 25g Blattspinat
- ½ Apfel
- 25g Weintrauben
- ¼ Zitrone

Zubereitung:

1. Obst und Gemüse kleinschneiden.
2. Alle Zutaten mit 150ml Wasser in den Mixer geben und mixen.

Kokosmilch Beeren Smoothie

Dauer: 5 Minuten | *Aufwand:* wenig | *Portionen:* 1

Zutaten:

- 200ml Kokosmilch
- 130g Beeren nach Wahl
- 1 TL Honig
- 2 EL Zitronensaft

Zubereitung:

1. Die Kokosmilch zusammen mit den Beeren und dem Zitronensaft in den Mixer geben und mixen.

2. Mit Honig abschmecken und genießen.

Getränke

Avocado Coffee Shake

Dauer: 5 Minuten | *Aufwand:* wenig | *Portionen:* 3

Zutaten:

- 1 Avocado
- 200ml Mandelmilch
- 50ml Kaffebohnen
- 6 Eiswürfel
- 1 ½ EL Honig
- 2 TL Zimt

Zubereitung:

1. Avocado halbierne, entkernen und das Fruchtfleisch mit einem Löffel entfernen.

2. Alle Zutaten in einen Mixer geben und cremig mixen. Eiswürfel hinzugeben und weitermixen. Bei Bedarf mit Mandelmilch bis zu richtigen Konsistenz auffüllen.

3. In Gläser verteilen und servieren.

Kakao-Bananen Drink

Dauer: 5 Minuten | *Aufwand:* wenig | *Portionen:* 2

Zutaten:

- 400ml Mandelmilch
- 2 Bananen
- 3 EL reines Kakaopulver

Zubereitung:

1. Alle Zutaten in einen Mixer geben und mixen bis die Masse cremig ist.
2. Optional Maca Pulver und Eiswürfel dazu geben.

Cappuccino

Dauer: 10 Minuten | *Aufwand:* wenig | *Portionen:* 2

Zutaten:

- 300ml Mandelmilch
- 180ml Wasser
- 30g Kaffeebohnen
- Optional 1 TL Frühaufsteher Gewürz

Zubereitung:

1. Die Kaffeebohnen mahlen.
2. Das Wasser und das Kaffeepulver in einen Espressokocher füllen und zum kochen bringen. Die Mandelmilch erwärmen und schaumig schlagen
3. Die schaumige Milch zusammen mit dem Espresso auf zwei Tassen verteilen.

Limonade

Dauer: 5 Minuten | *Aufwand:* wenig | *Portionen:* 1

Zutaten:

- 200ml stilles oder sprudel Wasser
- 1 EL Apfelessig
- ½ Ztrone
- 1 TL Honig
- 3 Eiswürfel

Zubereitung:

1. Den Apfelessig zusammen mit dem Honig ins Wasser geben.
2. Die Zitrone ins Wasser pressen und solange rühren, bis der Honig sich aufgelöst hat.
3. Die Eiswürfel ins Wasser geben und kalt servieren.

Heiße Schokolade

Dauer: 5 Minuten | *Aufwand:* wenig | *Portionen:* 2

Zutaten:

- 220ml Kokosmilch
- 20g dunkle Schokolade
- 10g Vollmilch Schokolade
- 1 TL Vanille
- 1 EL Honig

Zubereitung:

1. Die Kokosmilch mit dem Honig und der Vanille aufkochen.

2. Die Schokolade in kleine stücke schneiden und in die kochende Milch geben. Mit einem Schneebesen vermengen und servieren.

Cashewmilch

Dauer: 10 Minuten | *Aufwand:* wenig | *Portionen:* 1 Liter

Zutaten:

- 200g Cashewnüsse
- 800ml Wasser
- 1 TL Vanillepulver

Zubereitung:

1. Die Cashewnüsse mindestens 10 Stunden einweichen. Mit Wasser abspülen und zusammen mit dem Wasser und dem Vanillepulver pürieren.

2. Nach Geschmack mit Ahornsirup versüßen und servieren.

Vanille Matcha Latte

Dauer: 5 Minuten | *Aufwand:* wenig | *Portionen:* 1

Zutaten:

- ½ TL Matcha Pulver
- 50ml Wasser
- 275ml Mandelmilch
- Prise Vanille
- 1 TL Honig

Zubereitung:

1. Das Wasser aufkochen und das Matcha Pulver darin auflösen. Die Mandelmilch in einem separaten Topf zusammen mit dem Vanillepulver aufkochen und den Honig langsam einrühren.

2. Die Mandelmilch in die Tasse geben und schaumig schlafen. Den Matcha Tee langsam dazu geben.

Gebäck

Schoko-Rhabarberkuchen

Dauer: 70 Minuten | *Aufwand:* wenig | *Portionen:* 1

Zutaten:

- 625g Rhabarber
- 4 Eier
- 5 Bananen
- 300g Kokosraspeln
- 2 EL Kokosöl
- 3 EL Kakaopulver
- 75g Kokosmilch
- Prise Vanille
- 1 EL Honig

Zubereitung:

1. Als erstes den Backofen auf 180°C vorheizen.

2. Den Rhabarber schälen und längs in Würfel schneiden. Die Bananen schälen und mit einer Gabel zerdrücken.

3. Mit einer Hälfte des Kokosöls die Kastenform einfetten. Die andere Hälfte mit den Eiern, der Kokosmilch, dem Kakao, der Vanille und dem Honig aufschlagen. Die Banane mit den Kokosraspeln unter die Masse heben.

4. Erst ein wenig Teig in die Form geben und danach abwechselnd Rhabarber und Teig in der Form schichten. Für 60 Minuten backen.

Himbeer-Bananenbrot

Dauer: 85 Minuten | *Aufwand:* wenig | *Portionen:* 1

Zutaten:

- 175g Mandelmehl
- 110g Kokosöl
- 125g Himbeeren
- 3 Eier
- 5 EL Honig
- 55g Kokosraspeln
- 70g Chia-Samen
- 3 TL Backpulver
- 2 Bananen
- 2 EL Apfelmus
- Prise Salz

Zubereitung:

1. Den Backofen auf 170°C vorheizen.
2. Die Kastenform mit 10g Kokosöl einfetten. Alternativ mit Backpapier auslegen.
3. Die Eier mit dem Kokosöl und dem Honig schaumig schlagen. Das Mandelmehl, die Kokosraspeln, die Chiasamen, das Backpulver und das Salz hinzugeben unter dauerhaftem Rühren.
4. Separat die Bananen mit dem Apfelmus pürieren. Unter die Masse heben. Als letztes die Himbeeren unterheben. Alles in die Form geben und für 70 Minuten backen, dann servieren.

Apfel Mohnkuchen

Dauer: 30 Minuten | *Aufwand:* wenig | *Portionen:* 1

Zutaten:

- 2 große Äpfel
- 6 Eier
- 60g Kokosmehl
- 60g gemahlene Mandeln
- 75g gemahlener Mohn
- 4 EL Kokosöl
- 1 EL Honig
- 1 TL Zimt
- 1 TL Backpulver

Zubereitung:

1. Den Backofen auf 180°C vorheizen.

2. Die Äpfel waschen, entkernen und vierteln. Den einen Apfel in Würfel schneiden und den anderen hobeln.

3. Das Kokosöl schmelzen und mit den Mandeln, dem Kokosmehl, dem Mohn, den Eiern, dem Zimt, dem Backpulver und dem Honig verrühren. Die beiden Äpfel unterheben.

4. Die Auflaufform mit Kokosöl einreiben oder mit Backpapier auslegen. Den Teig hineinfüllen und für 20 Minuten backen.

Blaubeermuffins

Dauer: 55 Minuten | *Aufwand:* wenig | *Portionen:* 12

Zutaten:

- 2 Bananen
- 4 Eier
- 100g gemahlene Mandeln
- 120g Blaubeeren
- 55g Kokosöl
- 2 TL Zimt
- ½ TL Vanille
- ½ TL Backpulver

Zubereitung:

1. Den Backofen auf 180°C vorheizen.
2. Die Förmchen aufstellen.
3. Die Bananen, die Vanille und die Eier in einer Schüssel verrühren. Die restlichen Zutaten, außer der Blaubeeren, nach und nach einrühren, bis der Teig dickflüssig ist. Die Blaubeeren unterheben.
4. Den Teig in den Förmchen verteilen und für 30 Minuten backen.

Pflaumentörtchen

Dauer: 25 Minuten | *Aufwand:* wenig | *Portionen:* 4

Zutaten:

- 4 Pflaumen
- 2 Eier
- 55g gemahlene Haselnüsse
- 30g Kokosmehl
- 1 EL Mandelmus
- 1 TL Backpulver
- 1 TL Zimt
- 1 TL Honig

Zubereitung:

1. Den Backofen auf 180°C vorheizen.
2. Alle Zutaten, außer der Pflaumen, in einer Schüssel pürieren.
3. Den Teig in 4 Muffinförmchen geben, bis die Formen halb voll sind. Die Pflaumen längs halbieren und in die Förmchen verteilen. Für 15 Minuten backen.

Zucchinibrot

Dauer: 45 Minuten | *Aufwand:* wenig | *Portionen:* 1

Zutaten:

- 1 Banane
- 3 Eier
- 160g gemahlene Mandeln
- 1 Zucchini
- 3 TL Honig
- 1 ½ TL Backpulver
- 1 TL Kokosöl
- 1 TL Zimt
- Prise Salz

Zubereitung:

1. Den Backofen auf 180°C vorheizen.

2. Die gemahlenen Mandeln, das Backpulver, das Salz, den Zimt, die Eier, den Honig, die Bananen und das Kokosöl zusammen in eine Schüssel geben und kräftig verrühren. Die Zucchini raspeln und die Feuchtigkeit auspressen. Die Zucchini unter die Masse heben.

3. Die Backform mit Kokosöl einfetten. Den Teig hineinfüllen und für 35 Minuten backen.

Karottenbrot mit Kokos

Dauer: 50 Minuten | *Aufwand:* wenig | *Portionen:* 1

Zutaten:

- 3 Karotten
- 5 Eier
- 5 EL Kokosmehl
- 4 EL Kokosöl
- 2 EL Kokosraspeln
- 3 EL Honig
- 1 EL Zimt
- ½ TL Muskatnuss
- ½ TL Vanille
- 1 TL Backpulver

Zubereitung:

1. Den Backofen auf 175°C vorheizen.

2. Die Karotten schälen und in feine Streifen schneiden. Die Eier verquirlen und das Kokosmehl nach und nach hinzugeben. Die Kokosraspeln, den Honig, die Gewürze und das Backpulver und die Karotten unterheben.

3. Die Backform mit Kokosöl einfetten. Den Teig hineinfüllen und für 30 Minuten backen. Abkühlen lassen und in Stücke schneiden.

Snacks

Kokos Garnelen

Dauer: 25 Minuten | *Aufwand:* wenig | *Portionen:* 2

Zutaten:

- 350g Garnelen
- 2 Eier
- 125g Kokosraspeln
- Prise Salz

Zubereitung:

1. Den Backofen auf 200°C vorbereiten.

2. Die Eier mit etwas Salz verquirlen. Die Kokosraspel in eine separate Schüssel geben.

3. Als nächstes die Garnelen wachen und abtupfen. Zuerst in die Eiermasse eintauchen und danach in den Kokosraspeln wälzen.

4. Als letztes die Garnelen auf einem Backblech auslegen und für 10 Minuten backen.

Beef-Spinat Salat

Dauer: 20 Minuten | *Aufwand:* wenig | *Portionen:* 2

Zutaten:

- 4 Feigen
- 1 gelbe Paprika
- 2 Orange
- 2 Frühlingszwiebeln
- 2 Stangensellerie
- Babyspinat
- 2 Rindsschnitzel
- Prise Chili, Salz & Pfeffer

Für das Dressing:

- 2 EL Apfelessig
- 1 EL Olivenöl
- 1 TL Senf
- 2 TL Honig

Zubereitung:

1. Für den Salat die Paprika, eine Orange, die Feigen, den Stangensellerie und die Frühlingszwiebeln schälen, klein schneiden und die Walnüsse grob hacken.

2. Für das Dressing die andere Orange pressen und die Schale reiben. Alle weiteren Zutaten miteinander zu einem Dressing vermengen.

3. Das Rindfleisch kurz von beiden Seiten anbraten. Für 4 Minuten pro Seite anbraten und mit Chili, Salz & Pfeffer würzen. Den Salat anrichten, die Rinderstreifen mit Dressing über dem Salat verteilen.

Lachs Avocado Muffins

Dauer: 25 Minuten | *Aufwand:* wenig | *Portionen:* 12

Zutaten:

- 8 Eier
- 220g geräucherter Lachs
- 2 Avocados
- 1 Stange Lauch
- 3 Knoblauchzehen
- Zitronensaft
- Handvoll Pinienkerne
- Dill
- Prise Chili,
- Salz & Pfeffer

Zubereitung:

1. Den Backofen auf 180°C vorheizen.

2. Als erstes den Knoblauch pressen. Den Lauch in Ringe schneiden. Die Avocado halbieren, entkernen und in dünne Scheiben schneiden. Diesen dann mit Zitronensaft und Salz beträufeln.

3. Den Lachs halbieren und in die ausgelegten Förmchen legen. Den restlichen Lachs klein schneiden. Die Eier verquirlen und mit den restlichen Zutaten vermengen. Die Eiermasse in die Förmchen gießen und in den Ofen geben.

4. 20 Minuten backen, bis die Eiermasse fest ist. Nach der Hälfte die Avocado Scheiben auf den Muffins verteilen und weiter backen.

Apfelküchlein

Dauer: 30 Minuten | *Aufwand:* wenig | *Portionen:* 2

Zutaten:

- 2 grüne Äpfel
- 3 Eier
- 4 EL Kokosöl
- 4 EL Kokosmilch
- 3 EL Kokosmehl
- 1 TL Honig
- Prise Zimt & Salz

Zubereitung:

1. Die Eier, das geschmolzene Kokosöl, die Kokosmilch, den Honig, den Zimt und das Salz zu einer Masse vermischen. Das Kokosmehl dazugeben und 4-5 Minuten ziehen lassen.

2. Die Äpfel schälen, entkernen und in Scheiben schneiden. Ein wenig Kokosöl in einer Pfanne erhitzen, die Apfelscheiben in den Teig tunken und in die Pfanne legen. Sobald jede Seite goldbraun ist, servieren.

Nachos

Dauer: 55 Minuten | *Aufwand:* wenig | *Portionen:* 2

Zutaten:

- 2 Süßkartoffeln
- 1 EL Kokosöl
- 1 TL Salz
- ½ TL Pfeffer & Chili
- für die Guacamole:
- 2 reife Avocados
- 1 kleine Zwiebel
- 2 Knoblauchzehen
- 2 Tomaten
- ½ TL Salz & Pfeffer
- 1 Prise Chili & Kreuzkümmel
- Saft einer Limette

Zubereitung:

1. Den Backofen auf 160°C vorheizen.

2. Die Süßkartoffeln schälen und in hauchdünne Scheiben schneiden. Das Kokosöl schmelzen und die Süßkartoffelscheiben mit dem Kokosöl, dem Salz, dem Pfeffer und der Chili würzen. Auf einem Backpapier auslegen und für 45 Minuten im Backofen backen

3. Währenddessen für die Guacamole die Avocado halbieren, entkernen und mit einer Gabel zerdrücken. Die Zwiebel schälen und fein würfeln. Die Tomaten und den Knoblauch klein hacken. Den Knoblauch pressen und mit den Gewürzen, dem Limettensaft und der Avocado vermengen. Servieren.

Hühnchen Sticks

Dauer: 45 Minuten | *Aufwand:* wenig | *Portionen:* 10

Zutaten:

- 450g Hühnerbrust
- 10 Speckstreifen
- 5 EL Honig
- 3 EL Senf
- 3 EL Apfelessig
- Prise Salz & Pfeffer

Zubereitung:

1. Den Backofen auf 200°C vorheizen.
2. Das Hühnchen in Streifen schneiden. Jeden Hühnchenstreifen mit einem streifen Speck umwickeln.
3. Den Honig mit dem Senf, dem Apfelessig und dem Pfeffer vermischen. Die Hühnchenstreifen mit der Marinade einstreichen und für 15 Minuten in den Backofen geben. Die Sticks ein weiteres Mal bestreichen und noch einmal 15 Minuten backen.
4. Nach Bedarfwürzen und dann servieren.

Zucchini Puffer

Dauer: 25 Minuten | *Aufwand:* wenig | *Portionen:* 4

Zutaten:

- 5 Zucchinis
- 30g Kokosmehl
- 1 Ei
- 2 TL Salz
- 1 TL schwarzer Pfeffer
- ¼ TL Cayenne Pfeffer
- Ghee

Zubereitung:

1. Die Zucchini waschen, raspeln und salzen. 10 Minuten ziehen lassen.

2. Als nächstes die Zucchini mit den Händen in einer separate Schüssel auspressen. Das Kokosmehl, das Ei und den Pfeffer zu den Zucchinis geben. Anschließend zu richtigen Puffern formen.

3. Ghee in einer Pfanne erhitzen. Die Puffer je Seite 5 Minuten braten, bis sie goldbraun sind und dann servieren.

Gebrannte Mandeln

Dauer: 20 Minuten | *Aufwand:* wenig | *Portionen:* 1

Zutaten:

- 250g Mandeln
- 30g Ahornsirup
- 3 TL Kokosöl
- 2 TL Vanille
- 1 EL Zimt

Zubereitung:

1. Die Mandeln auf ein Backblech geben und für 10 Minuten bei 175°C rösten.

2. Währenddessen den Ahornsirup, das Kokosöl, den Vanille und den Zimt kurz aufkochen. Die gerösteten Mandeln hinzugeben und solange rühren, bis alle Mandeln mit Glasur überzogen sind.

3. Die Mandeln ein weiteres Mal auf das Backblech geben und in den bereits ausgeschalteten Ofen schieben, sodass die Mandeln trocken können.

Nachspeise

Kaiserschmarrn

Dauer: 15 Minuten | *Aufwand:* wenig | *Portionen:* 2

Zutaten:

- 4 Eier
- 3 EL Kokosblütenzucker
- 200ml Mandelmilch
- 35g Kokosmehl
- 10g Pfeilwurzelmehl
- 30g Trockenfrüchte
- Kokosöl
- 2 TL Zimt
- Salz und Pfeffer
- 1 Glas Fruchtkompott

Zubereitung:

1. Zunächst werden die Eier getrennt und das Eigelb mit dem Kokosblütenzucker in einer großen Schüssel vermischt. Danach kommt die Mandelmilch, das Kokosmehl & das Pfeilwurzelmehl dazu.

2. Nachdem wird das Eiweiß mit einer Prise Salz steif geschlagen und unter die Mehl Masse gehoben.

3. Nun wird der Teig mit etwas Kokosöl in einer Pfanne angebraten. Nach Belieben werden hier Trockenfrüchte hinzugegeben.

4. Wenn der Teig leicht braun gebacken ist wird er in Stücke gezupft und von allen Seiten gold gebacken.

5. Serviert wird der Kaiserschmarrn heiß und mit frischen Früchten oder Kokoksblütenzucker.

Cookies Eiscreme

Dauer: 60 Minuten | *Aufwand:* viel | *Portionen:* 4

Zutaten:

- 400ml Kokosmilch
- 1 Banane
- 1 EL Ahornsirup
- 2 EL Mandel Butter
- 1 Prise Vanille
- 3 Cookies

Zubereitung:

1. Zuerst wird die Banane, der Ahornsirup, die Mandelbutter, die Kokosmilch und die Vanille in einer Schüssel miteinander püriert.

2. Die Masse muss nun für 30 Minuten in die Eismaschine.

3. Die Kekse werden grob gekrümelt und zur Eismasse gegeben. Die Eismaschine wird für weitere 20 Minuten eingestellt.

4. Nun werden Kugeln herausgelöst und mit ein wenig Cookiekrümeln dekoriert und serviert.

Mousse au Chocolat

Dauer: 60 Minuten | *Aufwand:* viel | *Portionen:* 2

Zutaten:

- 100g dunkle Schokolade
- 3 Eier
- 1 ½ EL Honig
- Salz

Zubereitung:

1. Zuerst wird die Schokolade in einem Wasserbad geschmolzen. Während dessen wird das Ei getrennt und das Eiweiß mit einer Prise Salz steif geschlagen.

2. In einer weiteren Schüssel, wird das Eigelb mit ein wenig Honig verrührt. Sobald die Schokolade geschmolzen ist, wird das Eigelbgemisch unter die Schokolade gerührt.

3. Anschließend kommt das Eiweiß unter die Schokolade, so dass eine glatte Masse entsteht.

4. In portionsfertigen Gläsern muss das Mousse au Chocolat nun 2 Stunden kalt stehen.

Süßkartoffel Kekse

Dauer: 30 Minuten | *Aufwand:* mittel | *Portionen:* 4

Zutaten:

- 100g Süßkartoffeln
- 50g gemahlene Mandeln
- 20g Kokosmehl
- 1 Ei
- 1 EL Honig
- 1 TL Zimt
- 1 TL Vanille
- 20g dunkle Schokolade

Zubereitung:

1. Zuerst wird der Ofen auf 180° vorgeheizt und die Süßkartoffeln geschält. Diese werden dann weichgekocht und ausgekühlt.

2. Im nächsten Schritt wird die Schokolade in kleine Stückchen gehackt und die Süßkartoffeln mit einer Gabel zerdrückt. Nun werden alle Zutaten dazugeben und gut verrührt.

3. Als letztes werden die Schokoladenstückchen untergehoben und das Ganze für 15 Minuten im Ofen gebacken.

Wackelpudding

Dauer: 180 Minuten | *Aufwand:* viel | *Portionen:* 2

Zutaten:

- 350ml Apfelsaft
- 1 Apfel
- 1 TL Zimt
- 5 Blätter Minze
- 2 EL Zitronensaft
- 1 EL Gelatine

Zubereitung:

1. Zuerst wird der Apfel geschält und entkernt. Danach wird er in Würfel geschnitten und mit 300ml Apfelsaft weichgekocht.

2. Jetzt kommen die Minzblätter, der Zitronensaft und der Zimt hinzu. Es wird alles zu einer Masse püriert.

3. Die Gelatine wird in 50 ml Apfelsaft aufgelöst und die warmen Apfelmasse zur Gelatine gegeben. Nun muss der Wackelpudding für 3 Stunden im Kühlschrank kaltstehen.

Schoko Cookies

Dauer: 30 Minuten | *Aufwand:* mittel | *Portionen:* 20

Zutaten:

- 200g Kokosflocken
- 4 EL Mandelmoos
- 3 EL Honig
- 3 EL Kokosöl
- ½ TL gemahlene Vanille
- 50g gemahlene Mandeln
- 50g gehackte Mandeln
- 4 EL ungeschütztes Kakaopulver
- 50g dunkle Schokolade
- 50g Walnüsse

Zubereitung:

1. Zuerst wird das Kokosöl, der Honig und das Mandelmus in einem Topf geschmolzen.

2. Nun kommen alle anderen Zutaten hinzu und werden gut miteinander verrührt.

3. Dann werden daraus kleine Häufchen geformt und diese auf einem Backblech verteilt.

4. Jetzt wird das Backblech in den Kühlschrank gestellt, bis die Cookies hart sind.

Himbeersorbet

Dauer: 20 Minuten | *Aufwand:* wenig | *Portionen:* 2

Zutaten:

- 300g TK-Himbeeren
- 2 EL Ahornsirup
- 2 EL Limettensaft
- 6 Minzblätter

Zubereitung:

1. Zuerst werden die gefrorenen Himbeeren mit dem Ahornsirup, dem Limettensaft und den Minzblättchen in einer Schüssel vermischt.

2. Nun werden die Himbeeren auftauen gelassen und alles mit einem Pürierstab püriert, so dass eine stückchenfreie Masse entsteht.

3. Jetzt wird die Masse in kleine Gläser gefüllt und für circa 1 Stunde kaltgestellt. Erst dann kann das Himbeersorbet serviert werden.

Kokos-Limetten-Bällchen

Dauer: 15 Minuten | *Aufwand:* wenig | *Portionen:* 20

Zutaten:

- ½ Tasse Mandeln
- ½ Tasse Cashewkerne
- 1 ½ Tassen Datteln
- 3 EL Limettensaft
- ½ Tasse Kokosraspeln

Zubereitung:

1. Zuerst werden die Mandeln und die Cashewkerne klein gehackt, bis sie fein sind.
2. Nun kommen die Datteln und der Limettensaft hinzu und die Datteln werden ebenfalls klein gehackt.
3. Sobald die Masse zu Klumpen anfängt, werden daraus mundgerechte Kugeln geformt. Diese werden danach in den Kokosraspeln gewälzt und im Kühlschrank gelagert.
4. Die Bällchen werden kalt genossen.

Karottenpudding

Dauer: 40 Minuten | *Aufwand:* mittel | *Portionen:* 2

Zutaten:

- 8 Karotten
- 2 EL Kokosraspeln
- 1 TL Zimt
- 1 Msp. Muskat
- 1 Prise gemahlene Nelken
- 100ml Kokosmilch

Zubereitung:

1. Zuerst werden die Karotten geschält und weichgekocht. Als Nächstes werden die Kokosraspeln in einer Schüssel zermatscht.

2. Jetzt werden die Karotten und alle restlichen Zutaten hinzugeben und das Ganze zu einem cremigen Pudding verarbeitet. Hierbei kann ein Pürierstab helfen.

3. Der Pudding sollte im Kühlschrank gelagert werden und kann kurz vor dem servieren mit Kokosraspeln bestreut werde.

Mandelmilch Panna Cotta

Dauer: 240 Minuten | *Aufwand:* mittel | *Portionen:* 4

Zutaten:

- 1 ½ EL Gelatine
- 200ml Kokosmilch
- 2 TL Vanille
- 200ml Mandelmilch
- 5 EL Honig
- 60ml Balsamico Essig
- 250g Erdbeeren
- 1 EL Zitronensaft
- Salz & Pfeffer

Zubereitung:

1. Zuerst wird die Kokosmilch mit der Gelatine verrührt und quellen gelassen. Nach ungefähr 3 Minuten wird die Vanille hinzugegeben und erhitzt. Es muss so lange umgerührt werden, bis die Gelatine aufgelöst ist.

2. Nun wird die Mandelmilch und 3 Esslöffel Honig unter die Kokosmilch gerührt. Der Topf muss jetzt für 10 Minuten abkühlen. Die Masse wird dann auf vier Gläser aufgeteilt und für 3 Stunden in den Kühlschrank gestellt.

3. Für die Sauce wird das Balsamico Essig auf einem Herd erhitzt, so dass die Flüssigkeit sich auf die Hälfte reduziert. Währenddessen werden die Erdbeeren gewaschen und in kleine Scheiben geschnitten.

4. Es kommen nun alle Zutaten zum bei Essig und das Ganze wird für 10 Minuten köcheln lassen. Danach wird alles püriert, so dass eine stückchenfreie Sauce entsteht. Jetzt kann das Panna Cotta zusammen mit der Erdbeersoße serviert werden.

Paleo Gummibärchen

Dauer: 240 Minuten | *Aufwand:* mittel | *Portionen:* 15

Zutaten:

- 80ml Zitronensaft
- 20ml Wasser
- 60g Beerenfrüchte
- 1 EL Honig
- 1 EL Gelatine

Zubereitung:

1. Zunächst wird der Zitronensaft zusammen mit den Beerenfrüchten aufgekocht, so lange bis die Beeren weich geworden sind.

2. Sobald die Beeren weich sind, kann der Honig dazu gegeben werden. Währenddessen wir die Gelatine in kaltem Wasser aufgelöst.

3. Jetzt werden der Zitronensaft und die Beerenfrüchte verrührt und die Gelatine untergerührt

4. Als letztes muss die Masse in eine Form gegossen werden und für mindestens 4 Stunden im Kühlschrank lagern, bevor die Gummibärchen serviert werden können.

Schoko-Chili-Pudding

Dauer: 15 Minuten | *Aufwand:* mittel | *Portionen:* 2

Zutaten:

- 2 Avocados
- 120ml Kokosmilch
- 50g Kakaopulver
- 5 EL Honig
- 1 Prise Vanille
- 1 TL Zimt
- 1 Prise Chili
- 1 Banane
- Blaubeeren

Zubereitung:

1. Zu Anfang wird die Avocado halbiert, der Kern entfernt und das Fruchtfleisch herausgelöffelt.

2. Jetzt kommen alle Zutaten, bis auf die Banane und die Blaubeeren in eine Schüssel und werden mit dem Pürierstab zu einem Pudding verarbeitet.

3. Als letztes wird die Banane in kleine Scheiben geschnitten und dann in Gläser gefüllt. Darauf wird dann der Pudding gegossen und zuletzt mit Blaubeeren dekoriert.

Crêpes

Dauer: 25 Minuten | *Aufwand:* mittel | *Portionen:* 8

Zutaten:

- 2 Eier
- 100ml Kokosmilch
- 4 EL Pfeilwurzelmehl
- 1 EL Kokosmehl
- 1 Prise Vanille
- Salz & Pfeffer
- 3 EL Kokosöl
- 4 EL gewürfeltes Obst

Zubereitung:

1. Als erstes werden die Eier in einer Schüssel schaumig geschlagen. Dazu kommen die Kokosmilch, das Pfeilwurzelmehl, das Kokosmehl und etwas Salz.

2. Sobald alles gut vermischt ist, wird in einer Pfanne etwas Kokosöl erhitzt und ungefähr zwei EL des Teigs in der Pfanne verteilt.

3. Der Crêpe wird nun so lange angebraten, bis er sich gut von der Pfanne lösen lässt. Dann wird er gewendet und von der anderen Seite ebenfalls angebraten.

4. Die Crêpes können mit süßen Obst oder anderen Toppings serviert werden.

Schlusswort

Wir hoffen ihnen hat unsere Rezeptsammlung gefallen und wir konnten sie inspirieren.
Wir sind Hobby-Köche und schreiben immer an neuen Büchern. Wir wären ihnen sehr dankbar, wenn sie uns auf Amazon.de eine Bewertung hinterlassen können, damit wir uns verbessern können.
Wir wünschen ihnen noch viele leckere Mahlzeiten und viel Spaß mit der gewonnenen Zeit durch das kochen nach dem Paleo Prinzip.

Bon Vivant

Rechtliches

Impressum
Bon Vivant wird vertreten durch:

Sebastian Knecht
Oetjendorfer Kirchenweg 10a
22955 Hoisdorf
Deutschland

Coverbilder:
Yarunivphoto | depositphotos.com

Haftungsausschluss:

Die Benutzung dieses Buches und die Umsetzung der darin enthaltenden Informationen erfolgt ausdrücklich auf eigenes Risiko. Haftungsansprüche gegen den Autor für Schäden materieller oder ideeller Art, die durch die Nutzung oder Nichtnutzung der Informationen bzw. durch die Nutzung fehlerhafter und/oder unvollständiger Informationen verursacht wurden, sind grundsätzlich ausgeschlossen. Rechts- und Schadenersatzansprüche sind daher ausgeschlossen. Das Werk inklusive aller Inhalte wurden unter größter Sorgfalt erarbeitet. Der Autor übernimmt jedoch keine Gewähr für die Aktualität, Korrektheit, Vollständigkeit und Qualität der bereitgestellten Informationen. Druckfehler und Falschinformationen können nicht vollständig ausgeschlossen werden. Der Autor übernimmt keine Haftung für die Aktualität, Richtigkeit, und Vollständigkeit der Inhalte des Buches, ebenso nicht für Druckfehler. Es kann keine juristische Verantwortung sowie Haftung in irgendeiner Form für fehlerhafte Angaben und daraus entstandene Folgen vom Autor übernommen werden.

Haftungsausschluss und allgemeiner Hinweis zu medizinischen Themen:

Die hier dargestellten Inhalte dienen ausschließlich der neutralen Information und allgemeinen Weiterbildung. Sie stellen keine Empfehlung oder Bewerbung der beschriebenen oder erwähnten diagnostischen Methoden, Behandlungen oder Arzneimittel dar. Der Text erhebt weder einen Anspruch auf Vollständigkeit noch kann die Aktualität, Richtigkeit und Ausgewogenheit der dargebotenen Information garantiert werden. Der Text ersetzt keinesfalls die fachliche Beratung durch einen Arzt oder Apotheker und er darf nicht als Grundlage zur eigenständigen Diagnose und Beginn, Änderung oder Beendigung einer Behandlung von Krankheiten verwendet werden. Konsultieren Sie bei gesundheitlichen Fragen oder Beschwerden immer den Arzt Ihres Vertrauens! Wikibooks und Autoren übernehmen keine Haftung für Unannehmlichkeiten oder Schäden, die sich aus der Anwendung der hier dargestellten Information ergeben. Beachten Sie auch den Haftungsausschluss und dort insbesondere den wichtigen Hinweis für Beiträge im Bereich Gesundheit.

Notizen

Printed in Poland
by Amazon Fulfillment
Poland Sp. z o.o., Wrocław

64276844R00074